campus für christus

CLV

Ney Bailey

Glaube ist kein Gefühl

campus für christus

CLV

Die Bibelzitate sind, wenn nicht anders angegeben, der Revidierten Elberfelder Übersetzung (1985) entnommen.

Überarbeitete Neuauflage 2007
Erste Nachauflage 2009

Originaltitel: Faith Is Not a Feeling
Originalverlag: Here's Life Publishers, Inc.

Übersetzung: Litera/Günsch
Umschlaggestaltung: OTTENDESIGN.de
Satz: CLV
Druck: CPI – Ebner & Spiegel, Ulm

ISBN 978-3-88404-021-8 (CfC)
ISBN 978-3-89397-571-6 (CLV)

Inhalt

Einleitung

»Was würdet ihr tun, wenn ihr nur noch ein Jahr zu leben hättet?«, fragte mein Teamleiter, Paul Eshleman, einige von uns bei einer Mitarbeiterbesprechung.

Ich dachte: »Ich würde einige meiner Ansprachen in Buchform herausbringen wollen, weil sie im Leben vieler Menschen so positive Auswirkungen zu haben scheinen.« Bald darauf sagte Judy Downs Douglass aus der Verlagsabteilung von Campus für Christus zu mir: »Ney, wir hätten gern ein Buch von dir über den Inhalt deiner Vorträge.«

Etwas später meinte Sharon Fischer, ebenfalls aus unserer Verlagsabteilung, zu einer gemeinsamen Freundin: »Ich habe einige von Neys Tonbändern gehört. Das, worüber sie spricht, geht uns alle an, ob Mann oder Frau, ob verheiratet oder unverheiratet. Wenn sie jemals ein Buch schreiben sollte, würde ich sehr gern mit ihr daran arbeiten.«

Und so fing Gott an, alles zusammenzufügen.

Jeder von uns hat Gefühle. Sie können uns zu Freunden oder zu Feinden werden, je nachdem, wie wir mit ihnen umgehen. Ich möchte Ihnen von einigen Kämpfen und Prüfungen berichten, die ich bestehen musste, bis ich lernte, meine Gefühle zu bändigen und zu meistern. Ich möchte Ihnen erzählen, wie ich es lernte, sie als einen Zugang zu Gottes Wort zu gebrauchen.

Hunderte von Menschen, die gehört haben, was auf den folgenden Seiten berichtet wird, haben angerufen, geschrieben oder sind zu mir gekommen, um mir zu sagen, dass ihr Leben dadurch anders geworden ist. Es ist mein Wunsch, dass jeder, der dieses Buch liest, ermutigt und herausgefordert wird. Ich bete, dass Gott in unseren Herzen »ein Feuer anzünde«, dass Menschenleben verändert werden und dass jeder, der dieses Buch gelesen hat, sagen kann: »Jetzt verstehe ich, was es heißt, aus Glauben zu leben und Gott beim Wort zu nehmen. Jetzt verstehe ich, dass Glaube kein Gefühl ist, sondern eine Entscheidung.«

Ney Bailey,
Lake Arrowhead, Kalifornien

Die Flut

»Alarm! Flutkatastrophe! Alarm! Flutkatastrophe!« Die Schreckensworte der letzten Nacht dröhnten mir noch in den Ohren, während ich gespannt die Fernsehnachrichten verfolgte.

»31. Juli 1976. Der Big Thompson führt Hochwasser. Alles überflutet. Einhundert Menschen wurden getötet, achthundert werden noch vermisst; der Sachschaden geht in die Millionen; die größte Katastrophe in der Geschichte des Staates Colorado. Wolkenbruchartige Regenfälle am Osthang der Wasserscheide des Kontinents brachten innerhalb von sechs Stunden fünfunddreißig Zentimeter Regen mit sich und überschwemmten das Gebiet zwischen Estes Park und Loveland, genau nördlich von Denver. Eine Wasserwand wurde von einem heulenden, peitschenden Sturmwind den Canyon hinuntergetrieben. Bäume wurden entwurzelt, Häuser verwüstet und Autos zerstört. Alle Bergungsaktionen scheinen unmöglich. Rettungsflugzeuge suchen verzweifelt nach Vermissten. Die Luft selbst ist erfüllt von einer Mischung aus Abwasser- und Dieselölgeruch und menschlichen Hilfeschreien.

Am 1. August ist alles vorüber, nur die Suche geht weiter … Die Flut, von Experten für unmöglich gehalten, kam dennoch: Reißende Wasser verwandelten eine friedliche Landschaft in ein Schreckensbild. Was bleibt, sind die Dankgebete für die Überlebenden und die Erinnerung an jene, die nicht mehr unter uns sind …«

Meine Gedanken wanderten von der Stimme des Fernsehsprechers zurück zu dem schrecklichen Erlebnis. Wenige Stunden zuvor hatte ich selbst noch zu den Vermissten gehört. Bald darauf sollte ich erfahren, dass sieben Menschen, die mir sehr viel bedeuteten, unter den Toten waren.

Wir – das waren fünfunddreißig langjährige Mitarbeiterinnen von Campus für Christus – hatten uns auf das Freizeitwochenende auf der Sylvan-Dale-Ranch riesig gefreut. Wir wollten Zeit zusammen verbringen und einander erzählen, was wir inzwischen erlebt hatten, ehe wir zu unserer alljährlichen Mitarbeiterkonferenz an der staatlichen Universität von Colorado nach Fort Collins fuhren.

Es war wie ein Familientreffen. Unsere verschiedenen Aufgaben hatten uns im Lauf des vergangenen Jahres überall in die Vereinigten Staaten geführt, und einige von uns kamen aus dem Ausland zurück. Wir trafen am 31. Juli mittags auf der Ranch ein; am Eingang begrüßte uns ein Schild: »Erholsame, kühle Übernachtungen weit weg von lauten Autostraßen.«

Das Wetter war unvergleichlich schön. Ein herber Tannenduft erfüllte die Luft der Berge. Die warme Sonne strahlte aus dem tiefblauen Himmel über die Rocky Mountains auf die Ranch, die sich in etwa 1500 Metern Höhe harmonisch in das Tal einfügte. Durch die Narrows, eine Felsenschlucht gleich oberhalb der Ranch, floss reißend der Big Thompson.

Nach einem gemütlichen Mittagessen im Speiseraum mit Blick auf den Fluss gingen wir reiten und schwimmen. Wir kletterten auf einen beladenen Heuwagen und sangen, lachten und unterhielten uns, während der Wagen uns einen schmalen Weg durch den Canyon hinauf zu einem Wasserfall brachte und dann wieder zurück zur Ranch zum Abendessen.

Während des Abendessens fesselte eine silberhaarige Dame meine Aufmerksamkeit; durchs Fenster beobachtete ich sie beim Angeln. Sie stand auf ein paar

Steinen im Flussbett und hatte die Hosenbeine hochgekrempelt. Ihre Freunde standen in der Nähe und ermunterten sie. Ich fragte mich, wie sie erwarten konnte, in einem so reißenden und flachen Wasserlauf überhaupt etwas zu fangen.

Nachdem wir unser Hähnchen nach Hausfrauenart verspeist hatten, sammelte sich unsere Gruppe beim Kamin in dem geräumigen Aufenthaltsraum der »People's Barn«, einem alten Gebäude mit Blick auf den Fluss, das an den Außenwänden mit vielen alten Wagenrädern verziert war.

Freude erfüllte den Raum, als wir unsere Erinnerungen an all das miteinander austauschten, was Gott im vergangenen Jahr für uns getan hatte. Dann bat ich Carol Rhoad, uns zu erzählen, wie sie den Nachmittag verbracht hatte. Sie war nämlich müde gewesen und hatte sich schlafen gelegt und deshalb die Fahrt auf dem Heuwagen nicht mitgemacht. Nach ihrem Mittagsschlaf war sie mit dem Besitzer der Ranch ins Gespräch gekommen.

»Wir haben ständig Leute hier, aber noch nie habe ich eine so fröhliche und harmonische Gruppe gesehen«, meinte er. »Wer seid ihr?«

Carol nahm die Gelegenheit wahr, ihm etwas über die Quelle unserer Freude zu sagen und dass auch er Jesus Christus als seinen Erlöser finden könne. Carol konnte an jenem Abend, als sie uns von diesem Gespräch berichtete, nicht ahnen, dass sie schon Stunden später bei Jesus Christus sein würde – für immer.

Marilyn Henderson besprach mit uns ihre Hoffnungen und Erwartungen in Bezug auf die kommende Mitarbeitertagung. Sie sagte, sie habe dafür gebetet, dass keine von uns von dort so wieder weggehen würde, wie sie gekommen sei. Wir wussten nicht, dass die nächsten Stunden und Tage unser Leben unwiderruflich verändern sollten.

Kurz nach 21 Uhr machten wir eine kleine Erfrischungspause. Kaum waren wir wieder zusammen, als ich in weiter Ferne eine Sirene hörte. Gleich darauf waren durch Lautsprecher verzerrte Stimmen zu hören. Als sie näher kamen, konnte ich allmählich die Warnungen verstehen. Wir wurden aufgerufen, sofort das Gebiet zu verlassen – der Fluss stieg, eine Flutwelle nahte.

»Das kann nur ein Scherz sein«, dachte ich.

Jemand sagte: »Während der Pause war ich draußen, und der Fluss sah wirklich etwas sonderbar aus ...«

Alles schien so unverständlich. Es war ein ruhiger, sonniger Tag gewesen – bis auf einen Wolkenschleier, der aber keineswegs bedrohlich wirkte, und einen leichten Schauer gegen Mittag.

Die Polizei dröhnte ihre Befehle in dringlichen Wiederholungen immer wieder hinaus.

»Sofort das Gebiet verlassen! Hochwasser kommt! Nichts mitnehmen ...! Höher gelegene Plätze aufsuchen!«

Unser Raum war plötzlich voller Hochspannung und Aktivität. In weniger als einer Minute verließen wir die »People's Barn«, rannten in die Dunkelheit hinaus und drängten uns in acht Autos.

Wir alle kannten die Umgebung nicht; niemand wusste genau, wohin wir uns wenden sollten. In dem Durcheinander wurden wir voneinander getrennt. Vier Autos blieben in der Nähe der Ranch und fuhren in verschiedene Richtungen. Die anderen vier Autos, darunter auch meines, folgten dem Polizeiwagen über eine Brücke hinauf zu dem Parkplatz eines Geschäfts an der Bundesstraße 34.

Als ich auf den Parkplatz kam, sprang eine meiner Mitfahrerinnen hinaus, um sich umzusehen. In dem Augenblick rief jemand in der Nähe: »Die Brücke, über die wir eben gefahren sind, ist nicht mehr da!«

Ein Polizist in gelbem Ölzeug, nur von den Autoscheinwerfern beleuchtet, wiederholte durch sein Megaphon immer wieder die Anweisung, höheres Gelände aufzusuchen. Ich versuchte, den unglaublichen Lärm laufender Motoren, schreiender Menschen und explodierender Propangasflaschen, die der Fluss mitriss, zu übertönen: »*Wo* ist höheres Gelände?«

Keine Antwort, nur immer wieder der Ruf des Polizisten: »Hört doch die Explosionen! Weg hier …! Raus aus den Autos und höher hinauf!«

Ich sprang aus dem Auto und schrie wieder meine Frage: »Wohin?« Wieder keine Antwort.

Ich wusste, dass irgendwo auf der anderen Seite der Straße das Gelände anstieg, aber wo? Acht von uns waren auf dem Parkplatz aus den Autos gestiegen und suchten nun in der Finsternis einen Weg den steilen Abhang hinauf, eine hinter der anderen.

Die Luft war erfüllt von Propangasdunst. Ich spürte förmlich den Geschmack im Mund, als wir uns in Dunkelheit, Regen und dem ganzen Durcheinander gemeinsam den Berg hinaufschleppten, wobei wir über Stacheldraht klettern mussten und immer wieder im Schlamm ausrutschten.

Winky Leinster und ich bewegten uns Hand in Hand vorwärts, geleitet nur von den Blitzen, die hin und wieder die sturmgepeitschte Finsternis durchdrangen. Wir schauten uns um und sahen, wie Jackie Hudson sich bückte, um einer älteren Frau zu helfen, die im nassen Lehm immer wieder ausrutschte und sich mühte, irgendwie durch den gefährlichen Stacheldraht zu kommen.

Nie hatte ich mich dem Tod so nah gefühlt. Es schien, als hätte das reißende Wasser bereits unsere Fersen erreicht, als folgte es uns den Berg hinauf, als könnte es uns jeden Augenblick verschlingen.

Als wir oben auf dem Berg angekommen waren, drängten wir acht uns dicht aneinander. Wir wussten nicht, wo die anderen geblieben sein mochten, und wir hatten keine Ahnung, was eigentlich um uns herum vor sich ging. Die Bergluft war kalt, und ein scharfer Wind ließ sie noch kälter wirken; dazu kam der prasselnde Regen. Frieren war mir immer besonders zuwider gewesen, doch verbot ich mir jetzt, daran zu denken. Da ich auf einem Felsbrocken direkt hinter einer der Frauen saß, versuchte ich, sie vor dem Ansturm der Elemente zu schützen.

Als wir so dicht aneinandergedrängt dasaßen, schlug ich vor: »Lasst uns beten.«

Worte der Bibel kamen mir in den Sinn, und so begann ich: »Herr, dein Wort sagt: ›Sagt in allem Dank! Denn dies ist der Wille Gottes in Christus Jesus für euch‹ (1. Thessalonicher 5,18). Da wir nun in dieser Lage sind, entscheiden wir uns ganz bewusst dafür, dir Dank zu sagen. Herr, dein Wort sagt auch, dass ›denen, die Gott lieben‹, und das tun wir, ›alle Dinge‹, also auch dies, ›zum Guten mitwirken, denen, die nach seinem Vorsatz berufen sind‹, also auch uns (Römer 8,28). Du hast auch gesagt: ›Der Himmel und die Erde werden vergehen, meine Worte aber sollen nicht vergehen‹ (Matthäus 24,35). Demnach ist dein Wort verlässlicher als alles, was wir jetzt fühlen und erleben.«

Unsere Ängste zerstreuten sich, unsere Herzen wurden getröstet und seltsamerweise von Frieden erfüllt, als wir so auf dem windumtosten Berggipfel beteten. Unsere Gebete wurden zum Lobgesang: *Vater, wir dan-*

ken dir, Vater, wir danken dir, Vater im Himmel, wir danken dir. Bald darauf kletterten wir ein Stück den Berg hinunter und gesellten uns zu einer anderen Gruppe von Touristen, die unter hohen Felsbrocken besseren Schutz gefunden hatte.

Die ältere Dame, der Jackie Hudson durch den Zaun geholfen hatte, lehnte sich gegen einen dicken Felsblock. Von unserem erhöhten Platz auf den Felsen aus konnten wir sehen, wie noch immer Propangasflaschen explodierten und zu plötzlich leuchtenden Feuerbällen wurden. Und wir sahen die ziellos wandernden Scheinwerfer von Autos, die vom Fluss mitgerissen wurden.

Bald gab uns die Polizei Zeichen, dass wir herunterkommen sollten. Wir wurden angewiesen, unsere Autos zu suchen, und bald folgten wir einem Streifenwagen über einen Feldweg nach Loveland.

Vor Loveland wiesen uns die roten Blinklichter einer Polizeisperre weiter nach Fort Collins; in Loveland durften keine Autos halten.

Wir kamen nach Mitternacht in Fort Collins an. Dort meldeten wir uns bei der zuständigen Polizeidienststelle, um zu erfahren, wer von unserer Gruppe noch gerettet worden war. Man versicherte uns, dass auf der Sylvan-Dale-Ranch keiner zurückgeblieben sei. Wir wollten umkehren und nach unseren Freunden suchen, aber aus dem Radio kam die Durchsage: »Bitte nicht nach Loveland fahren … Sie vergrößern nur den Andrang dort und behindern die Rettungsarbeiten!« Da wir offenbar nichts weiter tun konnten, gingen wir alle nach Hause.

Sobald ich allein in meiner Wohnung war, nicht weit entfernt von dem Gelände der staatlichen Universität von Colorado, dachte ich noch einmal über die verwirrende Abfolge von Ereignissen an diesem Abend nach. Vor allem machte ich mir Sorgen, weil Marilyn Henderson noch nicht zu Hause war. Marilyn wohnte in jenem Jahr mit mir zusammen; wir waren Kolleginnen und sehr gute Freundinnen. Ich steckte einen Zettel an ihre Tür und ging ins Bett. Es war drei Uhr morgens.

Sechs Stunden später erhielt ich die schreckliche Nachricht. Ich erfuhr, dass bei der morgendlichen Zusammenkunft auf unserer Mitarbeitertagung bekannt gegeben worden war, dass einige unserer Mitarbeiterinnen vermisst wurden. Minuten später war ich angezogen, hatte meine Familie angerufen, damit sie wusste, dass ich in Sicherheit war, und nun hastete ich zum Büro von Bill Bright, dem Leiter unserer Bewegung.

Die Leute, die sich vor seiner Tür versammelt hatten, umarmten mich vor lauter Freude, dass ich noch lebte. Jetzt erst, fast zwölf Stunden nachdem die Sirenen erstmals am Flussufer entlang aufgeheult hatten, kamen mir die Tränen.

Dr. Bright begrüßte mich herzlich in seinem Büro. Die Stimmung dort war ernst, aber friedvoll.

»Ney, wie freue ich mich, dich in Sicherheit zu wissen! Wie bist du davongekommen?«, fragte er.

»Die Polizei leitete uns über einen Feldweg heraus.« Ich schilderte ihm die Erlebnisse unserer Gruppe.

»Marilyn rief etwa gegen Mitternacht an, um uns zu sagen, sie sei im Krankenhaus«, sagte er sachlich. »Später wurde dann noch Melanie Ahlquist eingeliefert.«

Ich verstand das nicht. »Was soll das heißen, sie sind im Krankenhaus?«

»Ihr Auto geriet ins Wasser. Sie glauben nicht, dass die anderen Insassen davongekommen sind. Marilyn und Melanie konnten sich an Bäumen festhalten und wurden gerettet.«

»Ihr Auto geriet ins Wasser?«

Dr. Bright sprach ruhig weiter. »Sie wurden angewiesen, nach Osten, Richtung Loveland, zu fahren.«

»Nach Osten, Richtung Loveland!«, wiederholte ich.

Ich saß regungslos und mit vor Entsetzen offenem Mund da. Dr. Bright wurde ans Telefon gerufen. Er hörte aufmerksam zu und legte dann die Hand über die Sprechmuschel. Er wandte sich um und sah mich an.

»Sie haben mit Sicherheit die Leichen von Carol Rhoad und Cathie Loomis identifiziert.«

Ich sackte im Stuhl zusammen, als hätte ich einen Schlag mit dem Holzhammer bekommen. All das Unglaubliche des gestrigen Abends drang nun auch in diesen Sonntagmorgen vor.

Ich blieb noch ein paar Minuten bei Dr. Bright und eilte dann ins Krankenhaus zu Marilyn.

Sie lächelte schwach, als ich ins Zimmer trat. Ich weiß noch, dass mir ein Lied durch den Kopf ging, als ich sie sah, das wir am Anfang des Sommers einmal gehört hatten: *Geht man so mit 'ner Dame um …?* Wir begrüßten uns herzlich. Sie war zerschunden und erschöpft und erbrach Schlamm und Geröll aus dem reißenden Fluss, der versucht hatte, ihr Leben zu vernichten.

Der verfinsterte Himmel sah fast aus, als trauerte Gottes Herz – es goss in Strömen, als ich an jenem Spätnachmittag das Krankenhaus verließ, um Mary Graham, eine weitere Mitarbeiterin und gute Freundin von mir, am Flughafen von Denver abzuholen. Mary hatte wegen einer wichtigen Verpflichtung nicht zu unserem Treffen auf der Ranch kommen können, und wir hatten vereinbart, dass entweder Carol Rhoad oder ich Mary vom Flughafen abholen sollte. Ich wollte sie direkt wissen lassen, warum Carol nicht da sein konnte.

Wie benommen ging ich durch den Flughafen. Ich war schon oft und überall im Land auf Flughäfen gewesen, aber diesmal war es anders. Ich dachte über all die Leute nach, die zu den Flugzeugen gingen oder von ihnen kamen und keine Ahnung hatten, dass ich am Abend zuvor knapp der Flut entgangen war, dass ich Kummer hatte, dass meine Freundinnen entweder tot oder verletzt oder vermisst waren. Niemand ahnte, wie entsetzlich elend ich mich fühlte.

Ich fragte mich, wie oft ich auf Flughäfen an Menschen vorübergegangen war, die eben erst einen lieben Verwandten oder Freund verloren hatten – und ich hatte nichts davon gewusst.

Im Lauf der nächsten Tage wurde das, was geschehen war, nach und nach klarer. Offenbar hatte im Lärm und Durcheinander der herankommenden Flutwelle niemand gewusst, welchen Weg man hätte einschlagen sollen, um höheres Gelände zu erreichen. Jeder hörte sich in eine andere Richtung gewiesen. Siebzehn unserer Mitarbeiterinnen hatten sich auf der Ranch wiedergefunden. Sie verbrachten die Nacht im Freizeitraum der Sylvan-Dale-Ranch und gelangten von da aus am folgenden Nachmittag per Anhalter in Sicherheit. Der Raum in der »People's Barn«, in dem unser Treffen stattgefunden hatte, war wenige Minuten nachdem wir ihn verlassen hatten, bis zur Decke voll mit Schlamm und Wasser gewesen.

Vier Autos hatten es über die Brücke geschafft. Die Insassen zweier unserer Autos verließen auf Anweisung der Polizei die Wagen und versuchten zu Fuß, weiter nach oben zu kommen.

Die anderen Autos folgten der Anweisung eines Polizisten, nach Osten in Richtung Loveland weiterzufahren. Als sie an eine tiefere Stelle der Straße kamen, donnerte eine Wasserwand über sie hinweg und spülte sie in den Fluss. In Sekundenschnelle waren die Autos versunken.

Von den neun Frauen in diesen zwei Autos kamen sieben ums Leben. Die beiden Überlebenden, Marilyn und Melanie, kämpften einen verzweifelten Kampf. Sie klammerten sich an Bäume, bis die Rettungsmannschaften sie bergen konnten.

In den folgenden Tagen, während wir viele Stunden im Krankenhaus verbrachten, um uns um Marilyn und Melanie zu kümmern, und unseren Aufgaben bei der Mitarbeitertagung nachkamen, dachte ich oft daran, dass ich einmal gelesen hatte: »Was uns die größte Freude schenkt, bringt auch den größten Kummer mit sich.« Jetzt erfuhr ich die Wahrheit dieser Worte, als ich über den Tod meiner Freundinnen weinte. Ich weinte herzzerreißend. Der Verlust brach mir fast das Herz; ich hatte sie sehr lieb gehabt.

Beim Gedanken an jede einzelne von ihnen brachen lebhafte Erinnerungen hervor.

Rae Arm Johnston ... am Morgen unseres Treffens auf der Ranch hatte ich ihr einen Zettel zugeschoben, auf dem stand, sie solle mit mir ein Zimmer teilen ... Der Zettel steckte nun in meiner Bibel mit ihrer Antwort: »Mach ich liebend gern ...«

Carol Rhoad ... wie fröhlich war sie als unsere Sekretärin gewesen ...! Sie hatte unseren regelmäßigen Treffen etwas Häusliches gegeben – kleine Überraschungen wie Obst, Käse, Blumen ... Am Anfang des Sommers hatte ich eine vierwöchige Vortragsreihe gehalten ... Carol brachte Freunde mit und saß jedes Mal in der vordersten Reihe, um mir Mut zu machen ...

Cathie Loomis ... Cathie saß während der Kaffeepause bei mir in der »People's Barn« ..., ich weiß noch, wie ich dachte: »Cathie hat noch nie so strahlend schön ausgesehen.« ... Ein Leuchten schien von ihr auszugehen ...

June Fujiwara ... ihre Augen verschwanden, wenn sie ihr strahlendes Hawaiilächeln zeigte ... Sie besuchte mich einmal im Dezember zu Hause in Kalifornien – ich machte ein Foto von June, wie sie zum ersten Mal in ihrem Leben auf Skiern stand ...

Precy Manongdo ... sie war im Reisedienst auf den Philippinen gewesen ... Den Nachmittag hatten wir noch zusammen verbracht, hatten auf einem Zaun gehockt, miteinander geplaudert und den Fluss betrachtet und darauf gewartet, dass unsere Pferde gesattelt wurden ...

Barbie Leyden ... sie hatte mich von unserer ersten Begegnung an hell begeistert ... Barbie hatte ein unsichtbares Wesen mit Namen »Edith« erfunden: Wenn das Geschirr nicht gespült worden war, war Edith dafür zuständig; wenn die Autoschlüssel nicht aufzufinden waren, hatte Edith die Schuld ... Eines Sommers veranstalteten wir eine Party für Barbies unsichtbare Freundin und versprachen allen geladenen Gästen, sie werde wirklich erscheinen ... Wir sorgten dafür, dass nach dem Essen ein Telegramm kam, das mit den Worten endete: »Man kann nicht alles haben – entweder Kuchen oder Edith!«

Terri Bissing ... während einer schwierigen Phase in meinem Leben schickte sie mir vierzehn Tage lang jeden Tag eine Karte mit einem besonderen Wort für mich ... Während unserer Mitarbeitertagung wollten wir uns einmal Zeit nehmen für ein langes Gespräch ...

Nun waren sie nicht mehr am Leben. Sie würden mir entsetzlich fehlen, und was in meinem Herzen vorging, lässt sich nicht mit Worten sagen. Ich wollte jede ihrer Familien besuchen und ihnen sagen, wie nahe sie meinem Herzen gestanden hatten.

Ich wusste auch, dass ich in der Gefahr stand, bitter und zynisch zu werden, wenn ich weiter über den Verlust und das ganze Unglück nachdachte und all die Fragen nach dem »Warum« zu beantworten suchte, auf die es doch keine rechten Antworten gab.

Aber aus früheren Erfahrungen hatte ich gelernt, dass wir in dem Maße bitter werden, wie wir Gott nicht Dank sagen, und so begann ich unter Tränen, ›Gott [durch Jesus] ein Opfer des Lobes dar[zu]bringen! Das ist: Frucht der Lippen, die seinen Namen bekennen‹ (Hebräer 13,15). Ich richtete mein Herz auf die Dankbarkeit Gott gegenüber aus. Ich zwang mich, auf das zu sehen, was er gegeben hatte, und nicht so sehr auf das, was er genommen hatte.

Auf einmal sah ich: Mein Leben hätte auch anders verlaufen können, ohne dass ich je diese mir so wertvollen Menschen kennen und lieben gelernt hätte, doch Gott hatte sie mir über den Weg geschickt. Er hatte mir die Zeit, die ich mit jeder von ihnen verbracht hatte, als ein Geschenk gegeben.

Willentlich, nicht aus meinem Gefühl heraus, entschloss ich mich dazu, immer wieder zu danken. Gott hatte in seinem Wort verheißen, er werde denen, die ihn lieben und die nach seinem Vorsatz berufen sind, alle Dinge (auch die allerschlimmsten) zum Besten dienen lassen.

Etwa einen Monat nach der Flut schrieb mir eine Freundin aus Europa: »Ney, wenn ich jene Flut miterlebt hätte, ich weiß nicht, ob ich ebenso wie du darauf reagiert hätte …«

Mir war zutiefst bewusst, dass dies keine natürliche Reaktion meinerseits war, sondern eine übernatürliche aus dem Glauben heraus, dass Gottes Wort wahrer ist, als ich es empfand. Ich war mir außerdem darüber klar, dass dies das Ergebnis langer Jahre war, in denen ich durch eine harte Schule gegangen war und aus meinen Fehlern gelernt hatte.

Albtraum Arizona

Mein dunkelblauer VW-Käfer war bis oben hin vollgepackt. Ich hatte so ziemlich all mein Hab und Gut in meinem Auto und einem kleinen Anhänger verstaut. Vor mir lag die über 2500 Kilometer lange einsame Fahrt von meinem Heimatort New Orleans quer durch den Westen von Texas und New Mexico nach Arizona. Ich sollte nach Tucson kommen, um meinen Dienst als Mitarbeiterin bei Campus für Christus an der Universität von Arizona zu beginnen.

Vieles ging mir durch den Kopf während der einsamen Stunden unterwegs. Es ging einem neuen Abenteuer entgegen. Die 25 Jahre meines bisherigen Lebens waren mit mancherlei Erfolgen, mit großen Freuden und wenigen Enttäuschungen angefüllt gewesen. Und obwohl ich Jesus Christus schon mit 15 Jahren als meinen Erlöser angenommen hatte, gab ich erst nach meinem Hochschulabschluss, als ich Sozialarbeiterin in New Orleans war, mein Leben ganz Christus hin. Und das war erst eineinhalb Jahre her. Ich war jung, voller Selbstvertrauen, Hoffnung und Begeisterung und von Herzen bereit, »große Dinge« für Gott zu tun.

Bei der Mitarbeiterkonferenz einen Monat zuvor hatte mir einer der Konferenzleiter einige Fragen gestellt.

»Was brauchst du deiner Meinung nach am nötigsten, wenn du an deine neue Aufgabe denkst?«, war eine der Fragen.

Ohne zu zögern, hatte ich geantwortet: »Eine Schulung für meinen Dienst als Campus-Mitarbeiterin, weil ich noch nichts darüber weiß.« Der Glaube der Männer und Frauen auf der Konferenz hatte mich sehr beeindruckt, darum wollte ich im Glauben wachsen, um tun zu können, was sie taten, um zu wissen, was sie wussten.

Den Straßenschildern nach zu urteilen, ging meine Reise nun bald zu Ende. Ich hatte schon viel gehört über diese Wüstengegend, über den Sonnenschein das ganze Jahr hindurch, über die prachtvollen Sonnenuntergänge. Eine Unmenge großer Säulenkakteen in den verschiedensten Formen schmückte die Täler, von fernen Hügeln und Bergen eingerahmt. Ich hatte Arizona bereits ins Herz geschlossen.

Ein freundliches Ehepaar hatte mir gleich neben dem größten Studentenwohnheim ein Einzimmerappartement besorgt. Damals wusste ich nicht mehr über die Hochschule in Tucson, als dass sie in einer zweifelhaften Zeitschrift als »Party«-Universität Nr. 1 bezeichnet wurde. Als ich nun auf dem Weg zu meiner neuen Wohnung an der Universität vorbeifuhr, fiel mein Blick auf ein sehr schönes Universitätsgelände: auf hohe Palmbäume und weiße Gebäude mit leuchtend roten Ziegeldächern.

Ich kam mit großen Erwartungen dort an, sah mit Begeisterung der Schulung entgegen, die ich bekommen sollte, und wollte eifrig alles lernen, was wissenswert war. Zusammen mit Paul Schipper, ebenfalls Mitarbeiter bei Campus für Christus, sollte ich im Universitätsbereich arbeiten. Ich war auch gespannt darauf, den Studenten kennenzulernen, der die Arbeit an der Uni angefangen hatte. Von ihm hieß es, er könne mir jede nur denkbare Information geben und habe viel »Knowhow«.

Doch plötzlich wendete sich das Blatt. Der Student, der bisher die Arbeit geleitet hatte, musste sich von jeder zusätzlichen Verantwortung freimachen und übergab darum Paul und mir die gesamte Arbeit, um sich ganz seinen Examensvorbereitungen widmen zu können. Und nur wenige Tage nach meiner Ankunft wurde Paul 180 Kilometer weiter nach Norden an die staatliche Universität von Arizona geschickt, um eine Mitarbeiterschulung durch den Leiter der Arbeit an der Uni dort, Elmer Lappen, zu erhalten.

Sehr zu meinem Leidwesen blieb ich an der Universität von Arizona in dem mir fremden Tucson zurück – *allein*!

Bei dieser Entscheidung war offensichtlich mein persönlicher Hintergrund in Betracht gezogen worden, und man hatte angenommen, dass ich der Situation gewachsen wäre. Jetzt – ich war kaum angekommen – lag alles allein in meinen Händen. So hatte ich mir das überhaupt nicht vorgestellt.

Meistens war ich sehr dazu bereit, alles auszuprobieren. Ich weiß noch, wie ich auf der Fahrt nach Arizona dachte: »Ich bin Studentensprecherin gewesen, Herr; wenn ich also an die Uni komme, werde ich mit allen Studentensprechern über dich reden. Ich bin Wohnheimsprecherin gewesen, also werde ich mit den Wohnheimsprechern reden. Ich bin Vorsitzende einer Studentenvereinigung gewesen, also werde ich mit all diesen Leuten sprechen. Ich war Klassensprecherin, also werde ich Termine mit allen Klassensprechern ansetzen.«

Nun aber, nachdem ich angekommen war, gab mir das Wissen um diese früheren Ämter keinerlei Selbstvertrauen für die Arbeit. Wo war meine frühere Kühnheit, meine Begeisterung? Als ich noch in Louisiana war, kamen einige Leute zum Glauben, nachdem ich mit ihnen über das Evangelium gesprochen hatte. Ich nutzte damals alle Möglichkeiten, um mit anderen Menschen über Jesus Christus ins Gespräch zu kommen. Aber hier in Arizona musste ich mich täglich zwingen, zur Universität zu gehen. Ja, ich war sehr froh, wenn ein Termin mit einem Studenten nicht zustande kam – dann hatte ich reichlich Zeit, mich in einer nahen Buchhandlung umzusehen, oder ich konnte mich anderer bewährter Methoden bedienen, um bis zum Mittag- oder Abendessen die Zeit totzuschlagen.

Ich fühlte mich auch durch gewisse Verhaltensformen unter Druck gesetzt. Einige kamen von außen; bei Campus für Christus gibt es Richtlinien, die für jeden Mitarbeiter verbindlich sind. Ich wollte mich unbedingt an diese Richtlinien halten, merkte jedoch, dass ich es nicht konnte. Und meistens tat ich es auch nicht.

Außerdem setzte ich mich auch selbst unter Druck. Obwohl ich noch immer nicht genau wusste, wie ich meine Arbeit tun sollte, erwartete ich von mir, dass ich sie ebenso gut tat, wie ich bisher alles gemacht hatte. Nicht nur das, sondern ich verglich mich auch mit anderen Mitarbeitern und kam dabei zu dem Schluss, dass ich ihnen – jedenfalls aus meiner Sicht – um einiges nachstand.

Diane Ross zum Beispiel war mein Ideal. Diane war damals im Reisedienst unserer Bewegung tätig. Sie hatte in ihrer Arbeit viel Erfolg und schien immer über den Dingen zu stehen. Offensichtlich kannte sich Diane in Gottes Wort aus, und sie schien ihren Glauben an Christus frei und mühelos anderen weiterzusagen. Sie war in jeder Hinsicht eine anziehende Persönlichkeit. In meiner Vergleichsskala rangierte Diane ganz oben – und ich bildete das Schlusslicht.

Aber größer als alle Ängste und Empfindungen bezüglich meiner Unzulänglichkeit war meine Enttäuschung über Gott. Ich meinte, er hätte mich im Stich gelassen.

Hatte ich denn nicht in Louisiana meine Familie, meine Freunde und meine Geborgenheit zurückgelassen? Hatte ich nicht »alles verlassen«, um Jesus Christus nachzufolgen? Jetzt schien mir der Boden unter den Füßen weggezogen. Hieß das, ihm zu dienen?

Ich fragte mich, wie ich in eine solche Zwangslage hatte kommen können. Und noch mehr beschäftigte mich die Frage, wie ich da wieder herauskommen könnte. Jetzt war ich noch nicht einmal einen Monat in Arizona, und schon hätte ich am liebsten alles hingeworfen.

Noch nie in meinem bisherigen Leben hatte ich versagt – jedenfalls hatte ich es noch nie vor anderen zugeben müssen. Natürlich kamen mir Gelegenheiten in den Sinn, bei denen ich versagt hatte, aber dafür gab es Gründe. Einmal hatte ich im Gymnasium in Mathematik versagt, aber nur, »weil der Lehrer so streng war«. Ich wiederholte den Kurs bei einem anderen Lehrer und brachte ihn erfolgreich zum Abschluss.

Mir fiel ein weiteres Erlebnis aus meiner Studienzeit ein. Unser Schulchor war sehr bekannt und geschätzt; er stand im ganzen Staat Louisiana in hohem Ansehen. Nach dem Vorsingen wurde ich aus unerfindlichen Gründen angenommen, vermutlich, weil ich ein paar tiefe Töne traf und der Chor Altstimmen brauchte. Während unserer Chorproben vor der Konzertsaison hielt ich mich eng an die anderen Altstimmen und konnte mich so, was Tonhöhe und Einsätze betraf, immer an ihnen orientieren.

Nach seiner Gewohnheit trennte der Chorleiter bald die verschiedenen Stimmen, so dass Alt, Sopran, Tenor und Bass durcheinanderstanden. Und plötzlich gab es um mich herum keine Altstimmen mehr, auf die ich mich stützen konnte. Da ich keine Noten lesen und auch nicht nach Gehör singen konnte, fing ich bei den Proben an, nur die Worte zu formen, und sang nie so laut, dass jemand in der Nähe hören konnte, wenn ich bei einem Ton nicht ganz sicher war.

Aber der wirkliche Schrecken kam, als der Konzertplan des Chores für das Jahr bekannt gegeben wurde. Neben den üblichen Konzertreisen waren wir für eine wöchentliche Fernsehsendung vorgesehen und sollten möglicherweise von der Regierung für eine Tournee zu den Militärstandorten in Asien ausgewählt werden.

Also traf ich meine Entscheidung: Ich konnte nicht einfach im Chor bleiben und so tun als ob – nicht bei einem derartigen Konzertreiseplan. Es musste etwas geschehen.

Doch anstatt mein Versagen gleich einzugestehen, begann ich, nach einem anderen Ausweg zu suchen. Schließlich, nachdem ich hin und her überlegt hatte, wie ich mich aus dem Chor zurückziehen könnte, ohne das Gesicht zu verlieren, fiel mir eine Lösung ein. Das würde mich wirklich von dieser Verpflichtung befreien!

Eines Tages war ich allein im Haus unserer Studentenvereinigung. Ich holte mir einen Hocker von etwa einem Meter Höhe, stellte ihn mitten in den Raum und fing an, immer wieder von diesem Hocker auf den Boden hinunterzuspringen – in der verzweifelten Hoffnung, mir den Knöchel zu brechen, denn mit einem Knöchelbruch konnte ich ja kein Konzert durchstehen. Ein paar Jahre zuvor hatte ich mir einmal bei einer Wanderung den Knöchel verletzt, und nun dachte ich, das müsste wieder geschehen.

Mein Fuß wurde tatsächlich sehr in Mitleidenschaft gezogen – und damit hatte ich eine ausreichende Entschuldigung, nicht mehr an den Chorproben teilnehmen zu müssen. Ich war ein wenig traurig, als der Chor ohne mich nach Asien reiste, aber ich wusste auch, dass niemand mir die Möglichkeit zum Mitfahren verbaut hatte.

Auch jetzt mochte ich mein Versagen nicht zugeben. Was würden die Leute denken? Wie konnte ich Bill Bright schreiben und ihm sagen, dass ich meinen Dienst in Arizona schon leid war? Zu Hause gab es Leute, die für mich beteten und mich finanziell unterstützten. Wie konnte ich ihnen schreiben, dass ich alles hinwerfen wollte?

An einem Spätnachmittag legte ich mich in meiner kleinen Wohnung auf den Teppich, den Kopf auf die Arme gestützt. Wie ich so dalag, sah ich in der Wand die Ritzen, die anzeigten, wo mein Klappbett eingebaut war. Dann wanderten meine Augen weiter zur Gasheizung an der anderen Wand.

»Ich dreh' einfach den Gashahn auf, und das ganze Elend ist vorbei.«

Aber dann dachte ich: »Nein, das geht auf keinen Fall, denn dann würde in der Zeitung von Tucson zu lesen sein: ›Mitarbeiterin der missionarischen Bewegung Campus für Christus begeht Selbstmord!‹ Und das wäre kein gutes Zeugnis, weder für Christus noch für unsere Bewegung, noch für mich!«

Meine Gedanken wanderten zu der Gebirgskette unweit von Tucson. »Ich fahre einfach mit meinem Wagen den Mount Lemon hinauf, und wenn ich dann wieder herunterfahre, komme ich ganz zufällig von der Straße ab … und es sieht dann wie ein Unfall aus! Und jeder wird sagen: ›Arme Ney, sie wollte eine kleine Spazierfahrt in die Berge machen und hat irgendwie die Kontrolle über den Wagen verloren …‹«

Das ging! Weder auf mich noch auf Campus für Christus, noch auf Gott würde ein schlechtes Licht fallen! Das schien ein ehrbarer Ausweg.

Trotz all dieser Gedanken, wie ich »mit allem Schluss« machen könnte, dachte ich doch viel häufiger: »Herr, wenn ich hier je wieder wegkomme, bringt mich nichts mehr hierher zurück.«

Als der 1. November kam und ich für einige Zeit zu einer Mitarbeiterschulung an die staatliche Universität von Arizona fliegen sollte, ergriff ich die Chance mit beiden Händen. »Wenn ich nur dorthin gehen kann«, sagte ich mir, »dann wird alles gut werden.« Aber bald stellte ich fest, dass eine Ortsveränderung nicht die Lösung für mein Problem war. Wenn man einen faulen Apfel nimmt und ihn mit dem Flugzeug von Tucson nach Phoenix transportiert, ist er, wenn er dort ankommt, immer noch faul. Und ich nahm meinen »faulen Apfel« mit. Auch an der staatlichen Uni gefiel es mir nicht – ich war dort ebenso deprimiert, fürchtete mich und hielt mich für einen Versager.

Eines Tages, als ich eigentlich an die Uni gehen sollte, um Gespräche über den Glauben zu führen, stieg ich widerspenstig in meinen VW, fuhr nach Phoenix und suchte mir ein Café. Dort bestellte ich den größten Eisbecher, den die Speisekarte zu bieten hatte.

»Hier sitze ich und esse Eis mit heißer Schokolade«, sagte ich finster. »Niemand weiß, dass ich hier bin, und *mir ist alles egal*!«

Ich war eingeladen worden, während der Weihnachtszeit an der Hochzeit von Bev, einer Freundin aus meiner Kindheit, teilzunehmen. Sie sollte in Corpus Christi, Texas, stattfinden. Ich erwähnte die Einladung gegenüber meinem Leiter, Elmer Lappen, als wir unsere wöchentliche Besprechung in der Bibliothek hatten.

»Elmer, wenn ich vor Weihnachten nach Hause fahre, um zu Bevs Hochzeit zu gehen, ich glaube, dann komme ich nicht mehr zurück.«

Er sah mich traurig an. »Ney, wenn du das tust, machst du mir wirklich das Herz schwer.«

Doch ich blieb hart. Mir ging es darum, von hier wegzukommen, und es kümmerte mich nicht, ob es Elmer das Herz schwer machen würde.

Schließlich kam der 15. Dezember, der Tag meiner Abreise zu Bevs Hochzeit und in die Weihnachtsferien. In meinem Leben war ich noch nie so gern von irgendwo weggefahren. Ich sprang in meinen VW, hielt am Stadtrand von Tucson noch einmal an, um mir voller Trotz Zigaretten zu kaufen, und rauchte dann auf der ganzen Fahrt bis Corpus Christi!

Ich hatte in meinem Leben nur selten geraucht, und wenn, dann war es immer symptomatisch dafür gewesen, dass irgendetwas nicht stimmte. Als ich zu Bevs Hochzeitsfeier kam, roch ich bereits wie ein ganzer Tabakladen.

Als wir alle beim Festessen saßen, schlug jemand vor, jeder von uns sollte kurz sagen, was Bev ihm bedeutete. Ich hatte sie sehr gern, aber an jenem Abend bekam ich den Mund nicht auf. Bevs Einfluss war es hauptsächlich zuzuschreiben, dass ich mich Campus für Christus angeschlossen hatte. Ich war unglücklich und der Ansicht, dass sie zu dieser Gemütsverfassung beigetragen hatte. Ich sagte also keinen Ton und war darüber nur noch unglücklicher!

Nach der Hochzeit fuhr ich nach Hause, nach Shreveport in Louisiana. Die Weihnachtstage machten mir wenig Freude, und zwei Wochen lang hing ich so zu Hause herum. Eines Tages, kurz vor Ende meiner Ferien, saß ich auf der Couch im Wohnzimmer und sah ab und zu durch das große Fenster hinaus. Ich tat mir selbst leid und mochte gar nicht an meine Rückkehr nach Arizona denken.

An den Fingern zählte ich ab: »September, Oktober, November, Dezember … mal sehen, vier Monate habe ich durchgehalten.« Ich zählte weiter: »Januar, Februar, März, April, Mai … Wenn ich es vier Monate lang geschafft habe, kann ich es auch noch fünf weitere Monate aushalten. Aber im Mai ist Schluss.«

Die Rückfahrt nach Arizona fiel mir so schwer wie noch selten etwas in meinem Leben. Als ich ankam, fand ich in meinem Zimmer einen Brief von einem Bekannten aus Hawaii vor. Er schrieb: »Ney, neulich hat hier ein Mann einen Vortrag gehalten, der mir ungeheuer geholfen hat. Er heißt Merv Rosell, und für mich war es Gottes Mann mit der richtigen Botschaft zur richtigen Zeit. Er kommt nach Phoenix, und ich möchte dich bitten, zu der Veranstaltung zu gehen.«

Ich dachte: »Wenn ich etwas nötig habe, dann ist es ein Mann Gottes mit der richtigen Botschaft – und jetzt kommt er offenbar zur richtigen Zeit.«

Eine knappe Woche später machte ich mich auf den Weg, um Merv Rosell zu hören. Ich weiß noch, wie ich im Auto saß und dachte: »Ob ich nun Missionarin bin oder nicht, Herr, wenn ich heute Abend nach vorne gehen muss, ich werd's tun, um mit dir ins Reine zu kommen. Ich bin bereit zu tun, was du von mir verlangst.«

Als ich in die Veranstaltung kam, traute ich meinen Ohren kaum, denn das Thema hieß: »Christen in der Niederlage«.

Rosell begann mit den Worten: »Wenn Sie je in Ihrem Leben als Christ total niedergeschlagen waren, dann ist die heutige Botschaft für Sie.« Ich hörte zu, als sei ich der einzige Zuhörer im Raum. Er sprach davon, wie wir oft versuchen, aus eigener Kraft und durch eigenes Bemühen unser Leben als Christen zu führen, und wie Gott uns dann oft versagen lässt, um uns auf eine entscheidende Wahrheit hinzuweisen: dass wir das christliche Leben nicht aus eigener Kraft führen können.

Zusammenfassend sagte er: »Wer heute und sein ganzes weiteres Leben für Jesus Christus leben will und wer möchte, dass Jesus Christus von jetzt an durch ihn lebt, der möge bitte aufstehen.«

Ich war schon in anderen Veranstaltungen gewesen, wo derartige Einladungen gemacht wurden. Meistens sah ich mich dann verschämt um, weil ich sehen wollte, ob auch sonst noch jemand darauf reagierte.

Aber an diesem Abend war mir das gleichgültig. Mir ging jetzt allmählich auf, dass ich versucht hatte, aus meiner eigenen Kraft ein christliches Leben zu führen – ich verließ mich auf mein eigenes Bemühen. Verzweifelt wünschte ich mir, Christus möge durch mich zu leben beginnen. Ich stand auf und übergab in jenem Augenblick meinen Willen und mein ganzes Sein der Herrschaft Jesu Christi. Er wurde mir wieder so gegenwärtig wie seinerzeit, als ich mich ihm erstmals als meinem Heiland anvertraute.

All die lange Zeit hindurch schien Gott mir so fern gewesen zu sein. Mich bedrückte der Gedanke, dass er sich wiederum entfernen könnte, obwohl er mir nun so viel näher schien. Als ich die Versammlung verließ, dachte ich: »Herr, jetzt habe ich zehn Minuten lang deine Gegenwart gespürt. Bitte, verlass mich nicht mehr!«

Ich fuhr nach Hause, und als ich aus dem Auto stieg, betete ich: »Herr, jetzt haben wir dreißig Minuten lang in ununterbrochener Gemeinschaft gelebt. Bitte, verlass mich nicht!« Bevor ich mich schlafen legte, kniete ich neben meinem Bett. »Bitte, sei morgen früh, wenn ich aufwache, noch bei mir, Herr.«

Am nächsten Morgen war er noch da. Und wir bewältigten gemeinsam den Tag. Und den nächsten Tag.

Und den folgenden. Eine ganze Woche. Den ganzen Monat.

Mir war, als sei ich ganz allein gewesen in jenen ersten Monaten in Tucson. Aber der, der versprochen hatte, allezeit bei mir zu sein, war bei mir gewesen, auch als ich seine Gegenwart nicht spürte. Gott wunderte sich gar nicht darüber, dass ich in der »Wüste« gewesen war. Er selbst hatte mich dorthin geführt.

Obwohl ich mit den besten Absichten nach Arizona gegangen war und Gott hatte folgen wollen, so gut ich es verstand, begriff ich jetzt, dass ich doch aus eigener Kraft, auf der Grundlage meiner eigenen Erfolge, mit meinen eigenen Wünschen und Erwartungen dorthin gegangen war. Und Gott hatte mich elendig versagen lassen, bis ich am liebsten gestorben wäre. Er ließ mich ganz in die Tiefe sinken.

Aber dann rief ich aus der Tiefe der Verzweiflung nach ihm. Und er hörte mich und ließ mich erkennen, dass es nur einen gab, der ein vollkommenes christliches Leben führen konnte: Jesus Christus selbst. Als ich anfing, Christus zu bitten, er möge *sein* Leben durch mich leben, begann er in der Kraft des Heiligen Geistes durch mich das zu tun, was ich selbst nicht hätte tun können.

Wenn durch mich irgendetwas erreicht werden sollte, das Ewigkeitswert hatte, musste Christus es tun.

Ich glaube, wenn wir Gott unseren Dienst anbieten, sieht er uns, die wir voller Stolz und Selbstbewusstsein sind, an und sagt:

Ich habe dich lieb, aber ich muss zuerst an dir abtragen, was nicht aus meinem Geist ist, damit ich neu aufbauen kann.

Ich muss dir wehtun, damit ich dich heilen kann. Ich sehe, wie du dich auf deine eigene Kraft verlässt. Ich sehe, wie du dich auf dich selbst stützt. Ich muss dich versagen lassen – damit du zu mir rufst und dich mit deinem Leben und deiner Kraft auf mich verlässt.

Ich dachte natürlich, dass Campus für Christus einen schlimmen Fehler begangen hatte, als ich ganz allein nach Tucson geschickt worden war. Doch jetzt wusste ich, dass Gott mich dorthin geführt hatte. Mein »Feuerofen« von Arizona war Gottes Spezialbehandlung, um meinen Charakter zu läutern. Er wollte mich lehren, ein Leben aus dem Glauben zu führen. Doch das war nur der Anfang.

Aber dein Wort sagt …

Ich goss mir ein Glas eiskalte Limonade ein, holte meinen Schreibblock hervor, spitzte den Bleistift an und setzte mich an mein Bibelstudium. Einige Stunden zuvor hatte mir der Lehrer unseres Sommerbibelkurses ein Thema zur Bearbeitung gegeben.

»Schreiben Sie einen Bericht über alles, was Sie im Römerbrief über das Thema Glauben finden«, hatte er mir gesagt. Das klang recht vielversprechend und schien ziemlich einfach.

Doch ich sollte mich noch wundern.

Als ich durch die Kapitel des Römerbriefes blätterte, tauchte das Wort »Glaube« so häufig auf, dass es fast nicht zu zählen war. Während ich über das Wort nachdachte, begann ich mich zu fragen: »Was heißt das überhaupt? Glaube ist vermutlich das Wichtigste in meinem Leben, doch wie soll ich erklären, was das ist?«

Meine Gedanken wanderten um acht Jahre zurück in die Zeit in Tucson, als ich so wenig von dem Leben aus Glauben verstanden hatte. »Ich habe so viel dazugelernt«, dachte ich. Und doch hatte ich keine klare Antwort auf die Frage: »Was *ist* Glauben?«

Ich wusste, dass es unzählige Schriftstellen zum Thema Glauben gab, zum Beispiel: »Der Gerechte aber wird aus Glauben leben« (Römer 1,17), oder: »Dies ist der Sieg, der die Welt überwunden hat: unser Glaube« (1. Johannes 5,4). Ich war erstaunt, dass ich keine einfache, persönliche Definition zustande brachte; nie hatte ich den Satz zu Ende führen können: »Für mich bedeutet Glaube …«

Ich dachte: »Herr, wie würdest du ihn definieren?«

Mir kam die Geschichte in den Sinn, in der Jesus zu seinen Jüngern sagte: »Selbst nicht in Israel habe ich so großen Glauben gefunden.« Jetzt wurde ich neugierig. Was war das, was Jesus selbst als »so großen Glauben« bezeichnete?

Schnell schlug ich Lukas 7 auf.

Dort fand ich die Geschichte von jenem römischen Hauptmann, der bereit war zu glauben, dass Jesus seinen Diener, der im Sterben lag, heilen konnte. Er sagte zu Jesus: »Sprich ein Wort, und mein Diener wird gesund werden« (Lukas 7,7). Dann gebrauchte der Hauptmann selbst ein Beispiel, um zu zeigen, dass er verstand, was es bedeutete, wenn jemand beim Wort genommen wird.

Jesus reagierte auf die Worte des Hauptmanns damit, dass er sich an die ihm nachfolgende Menge wandte und sprach: »Ich sage euch, selbst nicht in Israel habe ich so großen Glauben gefunden« (Lukas 7,9). Mir schien, dass Jesus mit einem »so großen Glauben« einfach meinte, man solle ihn beim Wort nehmen.

Ich fragte mich, ob diese »Definition« noch irgendwo anders in der Bibel bestätigt wurde. Weil Hebräer 11 oft als »das Hohelied des Glaubens« bezeichnet wird, schlug ich dort nach.

Nachdem ich mehrmals alle Abschnitte gelesen hatte, in denen es immer wieder heißt: »Durch Glauben ...«, fand ich schließlich das Gemeinsame all dieser Beispiele heraus. Ganz gleich, von welchem Menschen der Schreiber des Hebräerbriefes auch sprach: Jeder hatte Gott einfach beim Wort genommen und seinem Gebot gehorcht. Und wegen ihres Glaubens werden sie in diesem Kapitel erwähnt.

Da war zum Beispiel Noah, dem Gott sagte, er sollte die Arche bauen.

Noah nahm Gott beim Wort und baute die Arche. Darum beginnt Hebräer 11,7 mit den Worten: »Durch Glauben baute Noah ... eine Arche ...« Das ganze Kapitel hindurch scheint es, dass jeder der dort erwähnten Menschen Gott und seinem Wort glaubte und bereit war, ihm zu gehorchen, ganz gleich, in welcher Lebenssituation er sich befand, wie unlogisch Gottes Forderung aussehen mochte, welche Gründe es dagegen gab – ganz egal, wie der Mensch sich *fühlte*.

Nun war meine Hausaufgabe noch viel lohnender geworden, als ich am Anfang erwartet hatte. Jetzt fragte ich mich: »Wenn Lukas 7 und Hebräer 11 Beispiele für einen großen Glauben sind, wie sieht dann ein Beispiel für Mangel an Glauben aus?«

Ich erinnerte mich an ein Ereignis in Markus 4, als Jesus gerade einen ganzen Tag lang an den Ufern des Sees Genezareth gepredigt und das Volk gelehrt hatte. Nun wies er die Jünger an, auf die andere Seite des Sees zu fahren. Zunächst nahmen sie ihn beim Wort, bestiegen mit ihm ein Boot und wollten ans andere Ufer fahren. Aber als ein Sturm aufkam, verloren sie das Vertrauen in seine Zusage, dass sie wirklich ans andere Ufer gelangen würden. Als Jesus sie fragte: »Warum seid ihr furchtsam? Habt ihr noch keinen Glauben?« (Markus 4,40), hätte er ebenso gut fragen können: »Warum nehmt ihr mich nicht beim Wort?«

Sein Wort erwies sich als wahr. Ich bin immer so froh, wenn ich in Markus 5 die erste Zeile lese: »Und sie kamen an das jenseitige Ufer des Sees …«

Alles, was ich in diesen Abschnitten gefunden hatte, verhalf mir zu einer einfachen, brauchbaren Definition für Glauben. Ich wusste nicht genau, ob ich je einen Bericht zustande bringen konnte über all das, was im Römerbrief über den Glauben gesagt wird, aber in meinem Inneren wusste ich, dass ich etwas gelernt hatte, was sich für meinen Weg mit Gott als sehr wichtig erweisen würde.

Doch ich hatte noch eine Frage. Wenn Glauben »Gott beim Wort nehmen« bedeutet, was sagt dann Gott selbst über sein Wort? Wieder fand ich die Antwort in der Bibel: »Der Himmel und die Erde werden vergehen, meine Worte aber sollen nicht vergehen« (Matthäus 24,35). »Aber das Wort des Herrn bleibt in Ewigkeit« (1. Petrus 1,25). »Das Gras ist verdorrt, die Blume ist verwelkt. Aber das Wort unseres Gottes besteht in Ewigkeit« (Jesaja 40,8).

Aus diesen Versen entnahm ich, dass alles im Leben sich ändern kann, aber Gottes Wort bleibt bestehen! Seine Wahrheit ändert sich nie. Ich bekam einen ersten Anflug von Verständnis davon, wie sich dies auf mich und mein weiteres Leben auswirken könnte.

Ich gehöre zum Beispiel zu den Menschen, die alles sehr tief empfinden. Manchmal bin ich so glücklich, dass ich meine, ich könnte nie mehr traurig sein. Dann wieder kommen Zeiten, wo ich so traurig bin, dass ich meine, ich könnte nie mehr froh werden.

Aber so stark meine Gefühle auch sind, ich war froh, als ich erkannte:

Gottes Wort ist wahrer als alle meine Gefühle.
Gottes Wort ist wahrer als alle meine Erfahrungen.
Gottes Wort ist wahrer als alle Lebensumstände,
in die ich geraten mag.
Gottes Wort ist wahrer als alles in der Welt.
Warum?

Weil Himmel und Erde vergehen werden, ehe Gottes Wort vergeht. Das hieß, dass ich – ganz gleich, was ich fühlte oder erlebte – mich dafür entscheiden konnte, auf Gottes Wort als der unveränderlichen Wirklichkeit in meinem Leben zu vertrauen.

Rückblickend wird mir bewusst, dass jener Sommerabend und jenes »einfache« Studienprojekt ein Wendepunkt in meinem Leben waren. Immer und immer wieder habe ich mich seitdem, wenn die Umstände und meine Gefühle realer schienen als das Leben selbst, dafür entschieden zu glauben, dass Gottes Wort wahrer ist als alles andere. Ich habe mich sozusagen für ein Leben aus Glauben entschieden. Manchmal war das eine schwierige Entscheidung.

Zum Beispiel gab es danach Zeiten, in denen ich sagen konnte: »Ich fühle mich ungeliebt.« Dann hatte ich die Wahl, mich auf dieses Gefühl einzulassen und mich in einen Zustand des Selbstmitleids gleiten zu lassen, oder ich konnte sagen: »Herr, ich fühle mich ungeliebt. Das ist wahr. So empfinde ich im Augenblick. Aber dein Wort, Herr, sagt, dass du mich liebst. Ja, es sagt: ›Ja, mit ewiger Liebe habe ich dich geliebt; darum habe ich dir meine Güte bewahrt‹ (Jeremia 31,3). Du hörst nie auf, mich zu lieben. Deine Liebe zu mir bleibt auch dann bestehen, wenn alles andere zerbricht. Dein Wort sagt, ›dass Gott die Person nicht ansieht‹ (Apostelgeschichte 10,34). Das heißt, du liebst niemanden in der Welt mehr als mich. Und darum, Herr, danke ich dir jetzt, dass ich geliebt werde. Und ich entscheide mich dafür weiterzuleben, weil ich weiß, dass du mich liebst. Dein Wort ist wahrer als mein augenblickliches Gefühl.«

Allmählich merkte ich, was das Wichtigste daran war, wenn ich so reagierte: Ich gewann Freiheit. Ich konnte frei mit Gott reden, ich hatte die Freiheit, mich zu meinen Gefühlen zu bekennen, und ich konnte gleichzeitig an Gottes Wort glauben.

Es gab auch Zeiten, in denen ich mich verlassen, geängstigt oder niedergeschlagen fühlte. In solchen Zeiten löste die Qual über die Lebensumstände buchstäblich Herzschmerzen bei mir aus, und in jenen Augenblicken war ich am meisten versucht, an der Wahrheit von

Gottes Wort zu zweifeln. Doch waren das auch die Situationen, in denen ich mich *mit meinem* Willen für den Glauben an sein Wort entscheiden musste. Tausende meiner Gebete begannen so: »Herr, ich *fühle* mich …, aber, Herr, *dein Wort* sagt …«

Und ich habe erfahren, dass er meine Gefühle mit seinem Wort in Einklang bringt, zu seiner Zeit und auf seine Weise.

Die Bibel verheißt uns, dass alles, was uns, die wir Gott wirklich lieben, geschieht, sich so auswirken wird, dass wir »dem Bilde seines Sohnes gleichförmig sein« werden (Römer 8,29). Einige von uns haben bestimmt schon das folgende Gebet oder ein ähnliches gesprochen: »Herr, ich bitte dich, mach mich dir ähnlicher. Ich bitte dich, dass du mich dem Ebenbild Christi gleich gestaltest.« Oft wünschen wir uns damit von Gott eine »Narkose«, aus der wir dann eines Tages als ein völlig in das Ebenbild Christi umgewandelter Charakter erwachen möchten.

Aber so macht Gott das nicht. Er lässt die Prüfungen, Versuchungen und Belastungen in unserem Leben zu, damit wir Gelegenheit haben, auf sie zu reagieren, entweder nach unserem Gefühl oder indem wir ihn beim Wort nehmen.

Der Herr sorgt sich um das, was wir durchmachen, aber ich glaube, er sorgt sich noch viel mehr darum, wie wir auf das reagieren, was wir durchmachen. Unsere Reaktion darauf ist Willenssache.

Ich habe gelernt, es mir zur Gewohnheit zu machen, dass ich Gott beim Wort nehme – und es ist wirklich eine Gewohnheit! Wir können uns entweder angewöhnen, auf unsere Gefühle, unsere Überlegungen und die Lebensumstände zu achten und uns von ihnen beherrschen zu lassen, oder wir können uns angewöhnen, Gott beim Wort zu nehmen. Wir müssen uns willentlich dafür entscheiden zu glauben, dass sein Wort wahrer ist als unsere Gefühle.

Ich habe für mich die Entscheidung getroffen, dass ich mein Leben auf Gottes Wort gründen will – und Gott achtet und schätzt diese Entscheidung. Aber dennoch hat es Zeiten gegeben seit jener Entscheidung, in denen es viel einfacher schien, sie zurückzunehmen, weil ich glaubte, nichts könnte realer sein als das, was ich gerade durchmachte; in solchen Zeiten schrien meine Gefühle geradezu nach einer Kehrtwendung um 180 Grad weg von Gottes Wort.

Um ehrlich zu sein: Das kommt sehr häufig vor …

Gewissensfragen

An einem strahlenden Morgen im August 1969 machte ich mich für die Arbeit fertig und hatte die Nachrichten eingeschaltet. Zunächst hörte ich nicht richtig zu, dann aber fesselte die Stimme des Nachrichtensprechers meine Aufmerksamkeit.

»Gestern kam es im Sinaigebiet zu Kämpfen zwischen Arabern und Israelis«, gab er bekannt.

Im nächsten Atemzug sagte er: »Der Evangelist Billy Graham erklärte gestern Abend, seiner Meinung nach stehe die Wiederkunft Christi kurz bevor.«

Ich war verblüfft. Es schien mir unglaublich, diese beiden Nachrichten so unmittelbar nacheinander aus dem Lautsprecher zu hören. Der Nachrichtensprecher brachte die beiden Ereignisse nicht miteinander in Verbindung, aber ich tat es.

Die Worte Jesu aus Matthäus 24 kamen mir in den Sinn, wo er von den letzten Tagen vor seiner Wiederkunft spricht. Er verheißt Krieg und Kriegsgeschrei, Hungersnöte und Erdbeben und falsche Propheten, die viele Menschen irreführen werden. Dann sagt er: »Weil die Gesetzlosigkeit überhand nimmt, wird die Liebe der meisten erkalten« (Matthäus 24,12).

Ich stand da, mitten im Zimmer, und betete: »Herr, lass meine Liebe zu dir nicht erkalten! Schenke unserem Land und unserer Welt eine Erweckung.«

Mir fiel ein alter Studentenspruch ein: »Am Anfang sind alle Feuer gleich groß.« Und ich betete weiter: »Du musst irgendwo anfangen, Herr. Fang doch bei mir an. Schenke meinem Herzen eine Erweckung.«

Noch in derselben Woche wurden dieser Wunsch und dieses Gebet auf die Probe gestellt.

Während unserer Mitarbeiterkonferenz im Sommer

in Arrowhead Springs, der internationalen Zentrale unserer Bewegung, sprach ein Gastredner. Als Thema hatte er gewählt: »Wie wichtig es ist, sich ein reines Gewissen zu bewahren«.

Er sagte, wir müssten so leben, dass weder Gott noch Menschen Grund hätten, mit dem Finger auf uns zu zeigen und uns anzuklagen: »Du hast mich gekränkt und nie versucht, die Sache in Ordnung zu bringen.« Er zitierte das Wort des Apostels Paulus: »Darum übe ich mich auch, allezeit ein Gewissen ohne Anstoß zu haben vor Gott und den Menschen« (Apostelgeschichte 24,16).

Und, sagte er weiter, Paulus warne Timotheus in seinem ersten Brief an ihn: »… damit du … den guten Kampf kämpfst, indem du den Glauben bewahrst und ein gutes Gewissen, das einige von sich gestoßen und so im Hinblick auf den Glauben Schiffbruch erlitten haben« (1. Timotheus 1,18b-19).

Unser Gastredner ermahnte uns, bei der Prüfung unseres Gewissens unsere Gedanken nicht zu sehr auf unser Inneres zu richten. Denn wenn in unserer Beziehung zu Gott und Menschen etwas zu berichtigen sei, komme es in unseren Gedanken mühelos an die Oberfläche.

Bis zu dieser Ansprache hatte ich darüber nie weiter nachgedacht. Aber jetzt kamen mir auf Anhieb drei Dinge klar und unmissverständlich in den Sinn.

Ich schluckte.

»Nein, Herr. Das nicht! Und das …, und das auch nicht! Du kannst doch unmöglich meinen, dass ich *das* in Angriff nehmen soll!?«

Sogleich hörte ich die Mahnung einer inneren Stimme.

»Ney, war es dir ernst, als du sagtest, die Erweckung solle bei dir beginnen?«

»Ja.«

»Ist dir wichtiger, was die Leute von dir denken oder was ich von dir denke?«

»Mir ist wichtiger, was du von mir denkst.«

»Ney, bist du bereit, diese Dinge in Ordnung zu bringen?«

»Ja, Herr, ich bin bereit.«

Die erste Sache, an die ich mich erinnerte, hatte mit meiner Kraftfahrzeugversicherung zu tun. Ich war 1963 von Tucson nach Arrowhead Springs umgezogen, um die Personalabteilung von Campus für Christus aufzubauen. Ich hatte auf dem Gelände von Arrowhead Springs, unserer Zentrale, gewohnt und dorthin auch all meine Post erhalten.

Jedes Mal, wenn meine Autoversicherung fällig war, bekam ich eine Zahlungsaufforderung und ein Schreiben, auf dem ich durch meine Unterschrift bestätigen musste, dass die Informationen, die bei der Versicherung über mich vorlagen, noch stimmten. Die letzte Zeile über der Unterschrift lautete: »Ich fahre wöchentlich nicht mehr als sechzig Kilometer zur Arbeit.« Das traf auf mich zu – bis ich in die Berge, etwa dreißig Kilometer oberhalb von Arrowhead Springs, hinaufgezogen war. Damit fuhr ich wöchentlich rund dreihundert Kilometer zur Arbeit und zurück.

Nach meinem Umzug war das Schreiben noch einmal an mein Büro in Arrowhead Springs geschickt worden. Ich wollte gerade unterschreiben und alle Daten als richtig bestätigen, als ich den Satz über die sechzig Kilometer las. Ich las ihn noch einmal: »Ich fahre wöchentlich nicht mehr als sechzig Kilometer zur Arbeit.«

Mein Verstand arbeitete schnell.

»Meine Post kommt immer noch hierher nach Arrowhead Springs«, sagte ich mir. »Schließlich weiß die Versicherung nicht, dass ich umgezogen bin, und wenn sie es erfährt, wird sie wahrscheinlich meine Prämie erhöhen ... Ich glaube, ich unterschreibe den Wisch einfach und schicke ihn zurück.«

Ein halbes Jahr später war wieder eine Rechnung gekommen und wieder so ein Schreiben. Wieder hatte ich unterschrieben.

Jetzt, nachdem ich diese Ansprache gehört hatte, wusste ich, was ich zu tun hatte. Mir wurde mulmig in der Magengegend bei dem Gedanken, dass ich den Versicherungsbeamten vor Ort aufzusuchen hatte, um ihm mein Vergehen einzugestehen. Aber tags darauf war ich doch unterwegs.

Noch nie zuvor hatte ich etwas Derartiges getan. Meine Hände waren kalt und feucht, als ich mein Auto vor dem renovierten Gebäude aus den 1920er Jahren parkte, in dem sich das Versicherungsbüro befand. Langsam und zögernd ging ich hinein.

Ein paar Leute standen schon da und warteten, als ich durch die Tür kam. Der zuständige Beamte, Herr Blevins, sah auf und sagte freundlich und lächelnd: »Was kann ich für Sie tun?« Mir sank der Mut. Ich wollte doch nicht vor aller Welt meine Geschichte erzählen.

»Schon gut«, meinte ich zögernd. »Ich kann warten. Ich möchte Sie gern allein sprechen.«

Als alle gegangen waren, winkte er mir, ihm in sein Büro zu folgen.

Ich setzte mich und schluckte. Mir stand der Schweiß auf der Stirn.

»Also, wie kann ich Ihnen helfen?«, fragte er.

»Herr Blevins, Sie werden meinen Besuch vermutlich recht ungewöhnlich finden.« Ich erklärte ihm, was ich getan hatte, dass ich meinen Fehler einsah und gekommen war, um die Sache in Ordnung zu bringen und nachzuzahlen, was ich schuldete.

Er hörte mir aufmerksam zu. Als ich fertig war, schimmerte es feucht in seinen Augen.

»Danke, dass Sie mir das alles gesagt haben«, meinte er. »Doch wir gehen davon aus, dass manche Leute zu viel, andere zu wenig zahlen, darum dürfen Sie die Sache als erledigt betrachten.«

Ich konnte kaum glauben, was ich da hörte.

»Wirklich?«, fragte ich. »Ich bin wirklich gern bereit zu bezahlen, was ich schulde.«

»Nein«, antwortete er. »Das ist ganz und gar nicht nötig. Sie müssen nichts zahlen. Aber ich freue mich sehr, dass Sie gekommen sind. Übrigens, sind Sie nicht Mitarbeiterin bei Campus für Christus?«

»Doch, das bin ich.«

Anteil nehmend fragte er: »Wie geht's Ken Verven? Ich habe ihn lange nicht gesehen.«

»Es geht ihm gut.« Wir sprachen noch eine Weile über Christus und unseren gemeinsamen Glauben an ihn. Dann verabschiedete ich mich und bedankte mich für sein Verständnis und die Zeit, die er sich für mich genommen hatte.

Eine Woge von Gefühlen überkam mich, als ich in die Nachmittagssonne hinaustrat; es waren Gefühle der Freude und der Erleichterung, verbunden mit einer tiefen inneren Zufriedenheit. Ich hatte eine Sache in Ordnung gebracht, hatte Falsches richtiggestellt. Ich hatte überhaupt keine Ahnung gehabt, wie Gott alles »richtig« machen würde. »Herr, ich danke dir«, betete ich. »Danke, dass du vor mir hergegangen bist und alles vorbereitet hast.«

Die zweite Sache, um die es ging, war ein Darlehen, über das ich vor kurzem mit der Bank verhandelt hatte. Ich wollte Aktien kaufen, die gerade günstig waren. Der Vater eines Freundes hatte eine neue Gesellschaft gegründet, die ein Riesenerfolg zu werden versprach, und ich hielt es für ein Vorrecht, dass ich gleich zu Beginn an diesem Unternehmen teilhaben sollte.

Dies war eine unwahrscheinlich gute Gelegenheit, sich einen »Sparstrumpf« für die Zukunft anzulegen, dachte ich. Ich träumte von vielen Dingen, die ich für mich und für andere würde kaufen können, wenn die Aktien einen Riesengewinn abwarfen. Bestimmt war dies das Geschäft des Jahrhunderts!

Da ich jedoch kein Geld hatte, um Aktien zu kaufen, beschloss ich, tausend Dollar von meiner Bank zu leihen. Mein Auto war fast abbezahlt, und ich wusste, dass es als Sicherheit für das Darlehen gelten konnte.

Als ich die Formulare bei der Bank ausfüllte, erwähnte ich nicht, dass ich das Geld für den Kauf von Wertpapieren haben wollte. Ich meinte nämlich, gehört zu haben, dass die Banken es nicht gern sahen, wenn man Geld lieh, um damit in Aktien zu spekulieren. Also gab ich als Begründung für den Antrag an: »Kleidung, Urlaub und Verschiedenes«.

Kaum war das Darlehen genehmigt, eilte ich in die Stadt zu einem bekannten Maklerbüro, um meine Papiere zu kaufen. Sie hatten die Aktien nicht in ihren Listen. Ein Anlageberater, mit dem ich dort sprach, riet mir vom Kauf ab und machte mir Alternativvorschläge.

Aber ich war entschlossen, die Aktien zu kaufen. Ich hatte den Prospekt gelesen, und bald musste die ganze Welt von dieser erfolgreichen Organisation erfahren. Ich rief einen Anlageberater in der Stadt an, in der die Gesellschaft ihren Sitz hatte, und er verkaufte mir die Aktien für 1,75 Dollar das Stück. Bald stiegen sie auf 2,50 Dollar an, dann auf 3,00 Dollar und sogar bis auf 4,00 Dollar das Stück. Ich war begeistert.

Eineinhalb Wochen später erhielt ich die Mitteilung von meiner Gesellschaft, dass sie durch die Behörde für Vermögens- und Anlagenkontrolle überprüft worden war. Die Behörde hatte angeordnet, dass die Aktien sofort aus dem Verkehr gezogen werden mussten. In der Mitteilung wurde mir versichert, dies sei nur vorübergehend, und die Gesellschaft werde sehr bald wieder wettbewerbsfähig sein. Doch sie erholte sich nie mehr.

Nun musste ich nicht nur ein Darlehen zurückzahlen, das sich als finanzieller Verlust für mich erwies, sondern ich erfuhr auch, dass es tatsächlich ungesetzlich war, Geld zum Ankauf von Aktien zu leihen.

Wiederum hatte ich einen Fehler in Ordnung zu bringen. Ich suchte bei meiner Bank die Darlehensberaterin auf und erzählte ihr meine Geschichte. Obwohl meine Aktien bereits vor sechs Monaten wertlos geworden waren, zeigte sie sich, ebenso wie vorher Herr Blevins bei der Sache mit meiner Autoversicherung, erstaunlich mitfühlend und verständnisvoll. Sie meinte, ich hätte wahrscheinlich eine heilsame, wenn auch kostspielige Lektion erhalten – und wollte mir keinerlei Strafen auferlegen.

Und als sie erfuhr, dass ich vorhatte, bald nach Texas zu ziehen, gab sie mir ihre Visitenkarte und meinte, sie könnte mir nützlich sein, wenn ich dort ein Konto eröffnen wollte. Sie bot mir jede nur mögliche Hilfe an und wollte sogar als Referenz für weitere finanzielle Geschäfte für mich fungieren.

Als ich ihr Büro verließ, war ich froh gestimmt und voller Dank gegenüber Gott für alles, was er getan hatte.

Einige Zeit später erst stieß ich auf die Verse in den Sprüchen: »…aber jeder, der hastig ist, erreicht nur Mangel. Erwerb von Schätzen durch eine lügnerische Zunge ist wie verwehter Dunst, eine Falle des Todes« (Sprüche 21,5-6).

Das dritte »Geständnis« war für mich wohl das schwierigste.

Campus für Christus begann 1962 damit, für die Mitarbeiter Bibelstudienkonferenzen abzuhalten, um ihnen ein gutes Bibelwissen zu ermöglichen. In jenem Jahr hatte ich einen Kurs über das Johannesevangelium belegt. Als Abschlussprüfung des Kurses bekamen wir einen Fragebogen mit nach Hause, den wir, ohne in der Bibel nachzuschlagen, ausfüllen sollten. Man vertraute auf unsere Ehrlichkeit.

Ich erinnere mich noch deutlich an den Nachmittag, als ich den Test machte. Ich saß auf einem der oberen Betten in meinem kleinen Zimmer und ging die Fragen durch. Ich stieß auf eine Frage, die eigentlich ganz einfach klang, aber ich kam einfach nicht auf die Antwort. Ich war überzeugt, die Antwort zu wissen, aber in dem Augenblick wäre sie mir um alles in der Welt nicht eingefallen.

Ich überlegte: »Ich brauche nur einen kleinen Tipp, nur einen Anstoß, damit mein Gehirn wieder funktioniert.« Als ich alle anderen Fragen beantwortet hatte, wandte ich mich noch einmal der ungelösten Frage zu. Die Antwort fiel mir noch immer nicht ein.

Nun begann ein innerer Kampf. Sollte ich …, oder sollte ich nicht? Ich überlegte hin und her. Schließlich gab ich nach. Ich schlug ganz schnell meine Bibel auf und ebenso schnell wieder zu. Aber es hatte genügt, um mir den notwendigen Hinweis auf die Antwort zu der Frage zu geben.

Ich hatte nicht wirklich betrogen, dachte ich, als ich den Test abgab. Im Grunde wusste ich die Antwort und brauchte nur eine kleine Hilfe, um mich zu erinnern.

Aber ganz allmählich legte sich an jenem Tag eine Last auf mich, die auch in den folgenden Tagen nicht von mir wich. Immer wieder bekannte ich Gott meine Sünde, aber mein Schuldgefühl verschwand nicht. Es wurde mir schwer, überhaupt im Johannesevangelium zu lesen, und die Seite, von der ich mir den Tipp gestohlen hatte, konnte ich schon gar nicht aufschlagen.

Im Lauf der Zeit vergingen meine Schuldgefühle ..., bis auf seltene Gelegenheiten, wenn ich durch irgendetwas daran erinnert wurde. Jetzt, nach sieben Jahren, kam die Erinnerung wieder hoch; meine Schuld kam laut und deutlich zum Vorschein wie das Dröhnen einer Glocke.

Ich wusste: Diesmal ging es wirklich um meinen guten Ruf bei Menschen. Es war schon schlimm genug, überhaupt bei einem Test zu betrügen. Aber auch noch bei einem Bibeltest! Es war ekelhaft, nur daran zu denken! Wieder stellte sich mir die Frage: Ist mir mein Ruf bei den Leuten wichtiger als mein Ruf bei Gott? War ich wirklich gewillt, das Rechte zu tun?

Ich wusste, dass es mir diesmal schwerer fallen würde, meine Schuld zu bekennen, als die beiden anderen Male. Ob ich den Versicherungsbeamten oder die Bankangestellte je wiedersah, war ziemlich ungewiss.

Aber jetzt musste ich meinem Bibellehrer von damals, einem Mitarbeiter unserer Bewegung, meinen Betrug eingestehen ...

In jenem Sommer kamen wir Mitarbeiter zu einem Picknick in einem sehr schönen Park in Riverside, Kalifornien, zusammen. Es war ein herrlicher Tag, und es herrschte eine festliche Stimmung, als ich ankam. Aber ich hatte überhaupt keine Lust, mich an den Spielen zu beteiligen, die überall stattfanden. Ich dachte an den Test.

Ich nahm mir vor, falls ich mit Ted Martin, dem Leiter unserer Bibelstudienkonferenzen, zusammentreffen würde, ihm die ganze Sache zu erzählen. Doch bald war ich in entgegengesetzter Richtung unterwegs zum anderen Ende des Parks, weg von allen anderen, und als ich ein stilles Fleckchen an einem Bach fand, setzte ich mich dort an einen Holztisch. Minutenlang starrte ich auf die Tischplatte, dann auf die Bäume.

In dem Augenblick hörte ich Schritte über die nur wenige Meter von mir entfernte hölzerne Brücke kommen. Ich wandte mich um. Sah ich Gespenster, oder war es Wirklichkeit? Dr. Martin, seine Frau Gwen und ihre vier Kinder kamen über die Brücke und steuerten auf mich zu. Ich sah keine Gespenster.

Die Familie kam zu mir an den Tisch und begrüßte mich: »Guten Tag, Ney!« Dr. Martin lächelte. »Was machst du denn so weit hier hinten?«

»Ich denke ein wenig nach. Seid ihr auf dem Weg zum Picknick?«

Dr. Martin antwortete: »Ja, wir haben einen Rundgang gemacht, und jetzt gehen wir zurück.«

Die Familie wollte wieder gehen, aber ich wusste, jetzt hatte ich meine Sache zu bereinigen.

»Ted«, sagte ich zögernd, »könnte ich dich ein paar Minuten sprechen, bevor du zurückgehst?«

»Aber sicher«, sagte er, während die übrige Familie schon zum Picknickplatz vorausging.

Mit zitternder Stimme begann ich: »Ted, vor sieben Jahren hat sich etwas zugetragen, was ich dir berichten muss.« Ich erzählte ihm, was geschehen war, und sagte zum Schluss, dass ich wüsste, was ich verkehrt gemacht hätte und bereit sei, mit dem Lehrer zu sprechen, der damals den Kurs gehalten hatte, um alles in Ordnung zu bringen.

»Nein«, antwortete Dr. Martin verständnisvoll, »es genügt, dass du mit mir gesprochen hast.«

Dann meinte er: »Ney, wir wissen, dass solche Dinge von Zeit zu Zeit vorkommen. Aber du bist die Erste, die es jemals zugegeben hat. Ich denke, du hast genug darunter gelitten. Du darfst es nun auf sich beruhen lassen.«

Ich war sehr dankbar für seine Freundlichkeit, und als er wegging, kam ich mir vor, als könnte ich mich mit Leichtigkeit den Vögeln in den Zweigen über mir anschließen. Mir war eine solche Last abgenommen, dass ich am liebsten mit Lob- und Dankliedern auf den Lippen zu dem Picknick hinübergehüpft wäre.

Rückblickend scheint es mir, dass ich unerhörtes Glück hatte, weil alle, denen ich Schuld einzugestehen hatte, mir so viel Verständnis entgegenbrachten. Allerdings konnte ich vorher nicht wissen, wie die Leute reagieren würden. Mein Versicherungsmann hätte sagen können: »Sie schulden mir einige hundert Dollar plus Strafgebühren und Verzugszinsen.« Oder die Bankangestellte hätte antworten können: »Tut mir leid, aber wir müssen gerichtliche Schritte gegen Sie einleiten und Anklage erheben. Sie werden mit einer beträchtlichen Geldstrafe und möglicherweise einer Gefängnisstrafe rechnen müssen.«

Und Dr. Martin hätte durchaus antworten können: »Tut mir leid, aber du musst den Kurs noch einmal machen.« Doch ganz gleich, wie sie reagierten, ich hatte den Entschluss fassen müssen, alles in Ordnung zu bringen.

Die Frage, ob Vergehen in Ordnung gebracht werden müssen, hat nichts mit ihrem Ausmaß zu tun. Die Anlässe mögen anderen vielleicht geringfügig erscheinen. Hätte ich eine Bank ausgeraubt, einen Diebstahl begangen oder jemanden mit der Pistole bedroht, hätte ich mich zweifellos irgendwann für mein Tun rechtfertigen müssen. Aber auch wenn meine Vergehen vergleichsweise geringfügig waren, musste ich mich bemühen, die Dinge wieder ins Reine zu bringen.

Die Erneuerung in mir hatte begonnen. Mein Gewissen war in jeder Beziehung rein, soweit ich es beurteilen konnte …, oder etwa nicht?

Es gab noch etwas, das ich vergessen hatte.

Ein verändertes Herz

Gestern klingelte das Telefon. Meine Mutter rief an. »Liebling, diese Woche habe ich mich mit deinem Vater unterhalten, und er sagte, wie stolz er auf jedes unserer Kinder sei. ›Ich kann ihnen das nicht selbst sagen‹, meinte er, ›aber ich möchte, dass du sie alle anrufst und ihnen sagst, wie stolz ich auf sie bin.‹«

Dieses Telefongespräch war ungeheuer wichtig für mich.

»Mutter, hat er das wirklich gesagt?«

»Ja, das hat er.«

»Wiederholst du mir bitte genau, was er gesagt hat? Lass auch kein Wort aus.«

»Dein Vater hat mich gebeten, dich anzurufen und dir zu sagen, wie stolz er auf dich ist.«

»Mutter, sagst du das bitte noch einmal?«

»Dein Vater hat mich gebeten, dich anzurufen und dir zu sagen, wie stolz er auf dich ist.«

»Sag ihm bitte meinen herzlichen Dank, und dass er mir damit das schönste Geschenk gemacht hat, das ich je bekommen habe.«

Mein Herz jubelte, als ich den Hörer auflegte. Und dazu hatte es begründeten Anlass, denn die Dinge standen nicht immer so.

Ich erinnerte mich an die Zeit, als ich sechs Jahre alt war. Ich war kaum einen Meter groß und stand im städtischen Schwimmbad am Rand des Beckens.

»Spring, Ney Ann!«, rief mir mein Vater zu und streckte die Arme aus. »Ich fang dich auf!«

Dort, wo er im Becken stand, ging mir das Wasser bis über den Kopf. Ich hatte schreckliche Angst. Zitternd rief ich: »Nein, das kann ich nicht!«

»Natürlich kannst du's«, rief er. »Spring, und ich fange dich auf!«

Schließlich sprang ich. Aber mein Vater war nicht da. Das Wasser schlug über meinem Kopf zusammen, und ich kam prustend und wild um mich schlagend wieder an die Oberfläche. Mein Vater war im Wasser etwas zurückgegangen in der Hoffnung, ich werde auf ihn zuschwimmen. Ich fing an zu weinen.

»Vati, du bist nicht stehen geblieben! Du hast doch versprochen, du fängst mich auf!«

Er lachte. »Ney Ann, du regst dich unnötig auf. Du weißt doch, ich lasse dir nichts zustoßen. Ich wollte dir nur das Schwimmen beibringen.«

Dieses Erlebnis hatte eine vernichtende Wirkung auf mein kindliches Gemüt. Ich hatte meinem Vater so viel Vertrauen entgegengebracht, wie mein kleines Herz nur aufbringen konnte. Vati hatte gesagt, er würde mich auffangen, aber er hatte es nicht getan. Er hatte mich betrogen.

Diese Erfahrung prägte maßgeblich meine Gefühle ihm gegenüber, als ich älter wurde. Ich begann zu erfassen, dass uns diejenigen am meisten verletzen können, die wir am meisten lieben, was oft gestörte Beziehungen innerhalb unserer Familien zur Folge hat. Und oft gibt es nichts Schwierigeres, als diese gestörten Beziehungen wieder zu heilen.

Es gab noch andere Erlebnisse, die meine negativen Gefühle und meine Verbitterung gegen meinen Vater schürten. Sie schlugen immer tiefere Wurzeln und waren schließlich voll ausgewachsen, als ich zur Universität ging.

Erst nachdem ich von Arizona nach Kalifornien umgezogen war, um die Personalabteilung von Campus für Christus aufzubauen, kam ich innerlich an einen Wendepunkt, von dem ich nicht einmal wusste, dass ich ihn nötig hatte.

Ich war bei einer Veranstaltung, in der jemand aus unserer Mitarbeiterschaft Dinge sagte, die ich noch nie gehört hatte. Ich wusste, dass die Bibel sagt: »Gott ist Liebe« (1. Johannes 4,16). Ich wusste auch, dass 1. Korinther 13 ausführlich beschreibt, was Liebe ist. Der Redner aber sagte etwas, das für mich wie ein Sonnenstrahl in einen lange verschlossenen Kerker fiel: »Wenn Gott Liebe ist und 1. Korinther 13 uns sagt, *wie* diese Liebe ist, dann liebt Gott Sie und mich mit ebendieser Liebe.«

Das war mir ganz neu.

Ich hatte immer gehört, dass ich andere Leute so lieben sollte, wie es in 1. Korinther 13 stand. Mir war sogar vorgeschlagen worden, ich sollte meine Liebe zu anderen dadurch überprüfen, dass ich immer an die Stelle des Wortes »Liebe« meinen Namen setzte. Diese Überprüfung fiel immer schlecht für mich aus! Aber anstelle des Wortes »Liebe« den Namen Gottes einzusetzen, war mir nie in den Sinn gekommen.

Nun entdeckte ich:
Gottes Liebe zu mir ist langmütig,
Gottes Liebe zu mir ist gütig,
Gottes Liebe zu mir lässt sich nicht erbittern,
Gottes Liebe zu mir rechnet Böses nicht zu,
Gottes Liebe zu mir erträgt alles,
sie glaubt alles,
sie hofft alles,
sie erduldet alles.
Gottes Liebe zu mir vergeht niemals.

Ich war überwältigt, als ich mir vor Augen hielt, dass Gott mich mit einer solchen Liebe liebt.

Als ich an jenem Abend nach Hause fuhr, fing ich an, über meinen Vater nachzudenken. Ich dachte daran, wie schlecht wir uns meistens verstanden hatten während meiner Kinder- und Jugendzeit. Ich wusste zwar, dass es für einen Teenager nicht ungewöhnlich war, Konflikte mit den Eltern zu haben. Das war ganz normal. Aber die Schwierigkeiten, die es zwischen mir und meinem Vater gab, schienen viel gravierender zu sein als die üblichen.

Ich dachte zurück an die ersten Jahre meines Lebens, als mein Vater sich noch mit seinem Jurastudium abgerackert hatte. Es waren die Jahre nach der Wirtschaftskrise; er studierte täglich viele Stunden lang und arbeitete noch nebenher, damit wir genug zum Leben hatten. Er konnte sich für mich nur sehr wenig Zeit nehmen, und als ich in die Schule kam, hatten wir kaum eine Beziehung zueinander. Folglich hatte meine Mutter einen weitaus größeren Einfluss auf mein Leben, und ich hing außerordentlich stark an ihr.

Im Lauf der Jahre begann ich, mich vor meinem Vater zu fürchten. Wenn er gegen meine Mutter oder gegen mich die Stimme erhob, fing etwas in mir an zu zittern. Diese Furcht schlug während meiner Teenagerzeit in Feindseligkeit um. Die Väter meiner Freunde schienen sich für ihre Kinder zu interessieren und für die Zeugnisse, die sie bekamen, aber mein eigener Vater war, wie ich meinte, so sehr mit seinen eigenen Interessen beschäftigt, dass es ihm ganz egal war, was aus mir wurde. Ich wusste, dass er seine Arbeit liebte, aber ich hatte offenbar keine Bedeutung für ihn.

In späteren Jahren wurde aus meiner Feindseligkeit eine unterschwellige Auflehnung. Ich dachte: »Geh du deinen Weg, und ich gehe meinen. Lässt du mich in Ruhe, dann lasse ich dich auch in Ruhe.« Wenn mein Vater mich anbrüllte, hätte ich am liebsten zurückgeschrien. Wenn er mich nicht beachtete, ließ ich ihn auch links liegen. Wenn er mir wehtat, versuchte ich, ihn auch zu verletzen. Ich wollte ihm geben, was er meiner Meinung nach verdiente.

Ich musste daran denken, wie schlecht wir uns verständigen konnten, und es schien, dass er seine Liebe mir gegenüber nur durch materielle Dinge ausdrücken konnte. Ich spürte seine Liebe nicht und fragte mich, ob sie überhaupt vorhanden war.

All die Jahre hindurch wartete ich darauf, dass er mich so liebte, wie ich geliebt werden wollte. Das war nie geschehen, und es hatte meinen Hass und meine Ablehnung nur vergrößert.

Dann hörte ich die Botschaft von Gottes Liebe. Wenn Gott Liebe ist und 1. Korinther 13 Gottes Liebe beschreibt, dann bedeutet das:

Gottes Liebe zu meinem Vater ist langmütig,
Gottes Liebe zu meinem Vater ist gütig,
Gottes Liebe zu meinem Vater lässt sich nicht erbittern,
Gottes Liebe zu meinem Vater rechnet Böses nicht zu,
Gottes Liebe zu meinem Vater erträgt alles,
sie glaubt alles,
sie hofft alles,
sie erduldet alles.
Gottes Liebe zu meinem Vater vergeht niemals.

Ich überlegte: »Wenn Gott meinen Vater genau so liebt, wie er ist, wie komme ich dann dazu, ihn nicht auch so zu lieben?« Ich hatte meine Liebe zu ihm an Bedingungen geknüpft, hatte sie von seinem Verhalten abhängig gemacht. Ich hatte darauf gewartet, dass er sich ändern würde. Tat er es, wollte ich anfangen, ihn zu lieben.

Ich in meiner Liebe hatte gesagt: »Vati, ich will dich

lieben, *wenn* du dies und *wenn* du jenes tust.« Aber Gott in seiner Liebe sagte einfach: »Ich liebe dich – Punkt.« Bei ihm gab es kein »Wenn« und »Aber«. Mir war, als sagte Gott zu mir:

»Ich liebe dich so, wie du bist …

Ich liebe ihn so, wie er ist …

Ich möchte, dass du ihn auch so liebst, wie er ist …«

Tränen liefen mir über das Gesicht, als ich die Straße zu meiner Wohnung in den Bergen hinauffuhr. Zum ersten Mal in meinem Leben beschloss ich, meinen Vater so zu nehmen, wie er war. Als ich über seine Herkunft und seine Kindheit nachdachte, wurde mir klar, dass er mir nur das hatte geben können, was er selbst mitbekommen hatte.

Mein Vater war ein Einzelkind und wuchs in einer kleinen Stadt nördlich von Shreveport in Louisiana auf. Schon als er noch sehr klein war, hatten seine Eltern Eheprobleme, und bald trennten sie sich und ließen sich scheiden. Er blieb bei seiner Mutter. Sie starb, als er dreizehn Jahre alt war. Das war ein großer Verlust für einen kleinen Jungen.

Mein Vater lebte von da an bei einer Tante und einem Onkel. In jener Zeit war sein Vater fast ständig unterwegs; er spekulierte in Öl und Aktien, und manchmal verdiente, manchmal verlor er Summen, die in die Tausende gingen. Sehr selten bestand die Liebe, die er seinem Sohn gegenüber äußerte, in Worten oder in Gefühlen. Meistens versuchte er dem Sohn seine Fürsorge dadurch zu zeigen, dass er ihm Geschenke kaufte und ihn gelegentlich auf eine Reise mitnahm. Ich konnte sehen, wie sich Jahre später dieses Verhalten bei meinem Vater seiner eigenen Familie gegenüber wiederholte.

Meine Mutter dagegen war die jüngste von vier Schwestern und wuchs auf einer Farm in der kleinen

Ortschaft Jet im äußersten Zipfel von Oklahoma auf, wo ihre Eltern das Land urbar gemacht hatten. Ihre Familie zeichnete sich durch Liebe und ein starkes Zusammengehörigkeitsgefühl aus. Sie unternahmen alles gemeinsam: die tägliche Arbeit auf der Farm, die Gestaltung ihrer Freizeit, die Erntearbeit und auch den Gang zur Kirche.

In der Familie meiner Mutter fehlte es nicht an gegenseitigen Liebesbezeigungen; sie waren alle sehr zärtlich miteinander und umarmten und küssten sich gern. Und Mutter setzte dieses Verhalten in ihrer eigenen Familie fort. Sie führte genau Tagebuch über meine ersten drei Lebensjahre, bis mein Bruder und meine Schwester, die Zwillinge, geboren wurden. Sie schrieb auf, was ich tat, was ich aß, kleine Aussprüche von mir und wie viel ich wog. Überallhin begleitete sie mich, immer hatte sie aufmunternde Worte bereit für alles, was ich tat, und war es auch noch so geringfügig.

Als Kind erklärte ich mir all diese Unterschiede zwischen meinen Eltern so, dass ich meinte: »Mutter liebt mich, aber Vater nicht.« Doch nun erkannte ich, dass sie mich beide nach bestem Vermögen liebten, jeder entsprechend seiner Herkunft und seinen Möglichkeiten.

Als ich mein Auto vor dem Haus abstellte, war ich dankbar, dass ich dieses neue Verständnis gewinnen durfte. Mir war, als hätte Gott in meinem Leben etwas erneuert. Aber ich wusste, dass die wirkliche Prüfung noch ausstand.

Zwei Monate später flog ich in die Ferien zu meiner Familie nach Louisiana, und noch immer erfüllten mich Liebe und Aufgeschlossenheit gegenüber meinem Vater. Ich war nun wirklich frei davon, ihn kritisieren oder direkt oder indirekt mein Missfallen ihm gegenüber äußern zu müssen.

Ganz besonders an einen Tag erinnere ich mich noch. Wir saßen zusammen im Wohnzimmer, ich auf der Couch und Vater in seinem Liegesessel vor dem Fernseher. Bald schlief er ein. Ich sah zu ihm hinüber und betrachtete ihn lange, wie er so in seinem Sessel lag, und dann flüsterte ich sehr leise: »Vati, ich liebe dich und nehme dich so, wie du bist ..., wie du da im Sessel sitzt.«

Im Lauf der nächsten Tage ereignete sich etwas Seltsames. Als er spürte, dass ich ihn akzeptierte, begann er mit Herzlichkeit darauf zu reagieren. Er schien auf einmal mehr Wert darauf zu legen, diese und jene Kleinigkeit für mich zu tun. Zum Beispiel ging er mit mir zum Arzt, als ich mich einer kleinen Operation unterziehen musste. Er wartete auf mich und kaufte dann in der nächsten Apotheke die Medizin, die ich verschrieben bekam. In der Nähe seiner Anwaltskanzlei war ein Modegeschäft; er ließ sich drei Kleider mitgeben, von denen ich mir aussuchen konnte, was mir gefiel.

Gott hatte begonnen, unsere Beziehung zu heilen!

Bald stieß ich in der Bibel auf Verse, in denen von den Beziehungen zwischen Eltern und Kindern die Rede war.

»Er erwählte für uns unser Erbe« (Psalm 47,5), und er erschuf uns: »Denn du bildetest meine Nieren. Du wobst mich in meiner Mutter Leib« (Psalm 139,13). Und: »Deshalb beuge ich meine Knie vor dem Vater, von dem jede Vaterschaft in den Himmeln und auf Erden benannt wird« (Epheser 3,14-15). Gott hatte mir meine Eltern ausgewählt! Er war nicht erstaunt darüber, dass ich gerade in diese Familie hineingeboren wurde. Als mir dies klar wurde, konnte ich Gott zum ersten Mal in meinem Leben für meine Eltern danken.

Erst einige Jahre später stieß ich auf den folgenden Vers aus dem Epheserbrief: »›Ehre deinen Vater und deine Mutter!‹ – das ist das erste Gebot mit Verheißung – ›damit es dir wohlgehe und du lange lebst auf der Erde‹« (Epheser 6,2-3). Ich stellte fest, dass das Wort »ehren« »kostbar erachten, rühmen, schätzen« bedeutet.

Ich betete: »Herr, zeigst du mir bitte, wie ich meine Eltern ehren kann? Ich möchte es wirklich tun. Schenkst du mir Ideen und zeigst du mir, was ich tun kann?« Gott erhörte mein Gebet auf ganz konkrete Weise.

Wenn ich zu Besuch nach Hause kam, war ich normalerweise ständig unterwegs, um alle meine Freunde wiederzusehen, und verbrachte nur wenig Zeit zu Hause. Als Antwort auf mein Gebet war einer meiner ersten Gedanken, dass ich bei meinem nächsten Besuch auch einige Zeit zu Hause verbringen und mich auf irgendeine Weise meinen Eltern widmen wollte, bevor ich daranging, meine Freunde zu besuchen.

Bei einem meiner Besuche fiel mir, kurz nachdem ich angekommen war, auf, dass die Schlafzimmermöbel meiner Eltern, die an sich noch sehr gut waren, Spuren von zwanzig Jahren täglichen Gebrauchs zeigten. »Wäre es nicht großartig, wenn ich die Möbel neu streichen würde?«, überlegte ich.

Sie gaben mir die Erlaubnis dazu. Ich schliff die Betten, die Kommoden, die Nachtschränkchen und das Regal mit Sandpapier ab. Dann strich ich alle Möbel in einem dunklen Grün. Mutter und ich fanden einen sehr schönen Stoff, und gemeinsam bezogen wir die Rückwand der Betten damit und machten noch ein paar passende Kissen dazu. Alles sah sehr schön aus, und sie waren total erfreut, dass ich vier oder fünf Tage für eine Sache aufgewendet hatte, die nur für sie war.

Weiter fragte ich mich: »Wann habe ich meinen

Eltern das letzte Mal ein Geschenk gemacht, einfach nur so …, um ihnen zu zeigen: ›Ich liebe euch und denke an euch‹?« Ich konnte mich nicht erinnern. Meistens beschenkten wir einander an den Geburtstagen und zu Weihnachten. Aber nun bekam ich immer mehr Lust, ihnen so ganz ohne Grund Geschenke zu machen.

Meine Eltern kochen sehr gern. Da ich sie nun überraschen wollte, hielt ich unterwegs an einem Gemüsestand und kaufte eine riesige Tüte einer besonderen Erbsensorte. Dann sahen mir Mutter und Vater voller Staunen zu, wie ich stundenlang im Wohnzimmer saß und Erbsen schälte. Sie freuten sich unheimlich über das Geschenk, und mein Vater, der ein ausgezeichneter Koch ist, gab sich besondere Mühe, sie für uns zuzubereiten.

Ein anderes Mal, als ich die Universität von Missouri in Columbia besuchte, kam ich eines Morgens auf dem Weg zum Haus der Studentenvereinigung an einigen Geschäften vorbei. Im Schaufenster eines Schmuckladens stach mir etwas in die Augen. Es war eine Silberkette mit dem Namen »Alberta« eingraviert. Der Name meiner Mutter!

Ich ging in den Laden hinein.

»Was kostet die Halskette im Fenster – die silberne ganz rechts?« fragte ich. Die Verkäuferin meinte: »Es kostet einen bestimmten Betrag pro Buchstaben, und die Anfertigung dauert sechs Wochen.«

»Ich möchte keine Kette bestellen«, antwortete ich. »Ich möchte gerne die aus dem Fenster – meine Mutter heißt Alberta.«

Die Verkäuferin schien etwas erstaunt. »Ich heiße auch Alberta! Die Firma wollte ein Muster herstellen, also nannte ich meinen Namen. Aber ich denke, ich kann sie Ihnen verkaufen.« Ich muss wohl nicht besonders erwähnen, wie sehr sich meine Mutter über dieses persönliche Geschenk gefreut hat.

Das Hobby meines Vaters ist Fischen, und unsere Familie ist immer gern zum Fischfang an die in der Nähe gelegenen Seen gefahren. Einmal, als ich mit ihm zum Fischen fuhr, machte ich ein Foto von ihm, wie er mit einem breiten Filmstarlächeln einen sehr kleinen Fisch hochhielt, den er gefangen hatte. Ich ließ das Bild vergrößern, kaufte einen schönen Rahmen und schickte es als Überraschung in seine Kanzlei. Vater freute sich so darüber, dass er es mit zum Gericht nahm, um es einigen seiner Freunde zu zeigen. Noch heute hat es einen Ehrenplatz in seinem Büro.

Einige Zeit später hatte ich eine wichtige berufliche Entscheidung zu treffen. Da kam mir der Gedanke: »Wäre ich bereit, mir bei meinem Vater Rat zu holen?« Ich wollte ihn auch um Vergebung bitten wegen einiger Dinge, die ich in den vergangenen Jahren getan hatte und bei denen ich mich ihm gegenüber nicht richtig verhalten hatte. Über persönliche Dinge hatten wir nie viel gesprochen, darum fürchtete ich mich nun ein wenig davor.

Eines Sonntagnachmittags, als ich wieder einmal zu Hause zu Besuch war, schauten Vater und ich allein ein Footballspiel an. Ich nahm all meinen Mut zusammen. Dann fragte ich ihn wegen der beruflichen Sache um Rat. Was er sagte, war mir eine große Hilfe, und es ging viel leichter, als ich erwartet hatte.

Dann sagte ich: »Vati, da ist noch etwas, worüber ich nachgedacht habe. In den Jahren, als ich heranwuchs, hatte ich alles Mögliche gegen dich, ich war undankbar und lieblos. Jetzt sehe ich ein, dass das nicht richtig war, und ich möchte dich um Vergebung bitten. Kannst du mir bitte vergeben?«

Er drehte sich in seinem dicken Liegesessel zu mir um und zwinkerte ein wenig mit den Augen.

»Nein.« Dann machte er eine Pause. »An all das kann ich mich nicht mehr erinnern …, außer an das eine Mal …« Er nannte die Gelegenheit und lachte.

Ich überlegte kurz und sagte dann: »Schön, vergibst du mir dann all das, woran du dich erinnern kannst?«

»Ja«, antwortete er.

Das Footballspiel ging weiter.

Ich besprach mit ihm noch die Einladung, die ich erhalten hatte, Hal Lindsey auf seiner ersten Israelreise zu begleiten. Was hielt er davon?

In Showmastermanier sagte er: »Ich persönlich hab ja für die Klagemauer nicht viel übrig, aber wenn du hinwillst, meinetwegen.«

Dann sagte ich: »Vati, ich glaube, ich fahre zurück nach Dallas und höre mir unterwegs den Rest des Spiels im Radio an.«

»Gut«, sagte er. »Gute Idee. Dann bist du schon unterwegs, ehe der dickste Verkehr losgeht.«

Wir standen beide auf. »Und wohin geht deine nächste Tour?« Noch nie hatte er mich das gefragt.

»Nach Houston und Nacogdoches«, antwortete ich.

»Mach dir doch einen Cheeseburger von gestern Abend warm und nimm ihn mit für die Heimfahrt«, schlug er vor.

Große Lust auf einen alten Cheeseburger vom Vorabend hatte ich zwar nicht, aber ich wollte auch nicht ablehnen. »Keine schlechte Idee!«, meinte ich.

Ich suchte meine Sachen zusammen und wollte gehen. Unter der Tür gab mir Vater den Cheeseburger und fragte: »Wann kommst du wieder?« Auch das hatte er mich noch nie vorher gefragt.

»Vielleicht am 21. oder 22.«

Lächelnd meinte er: »Na, dann bis zum 21.!«

Einige Tage später telefonierte ich mit meiner Mutter. »Hat Vater etwas über unser Gespräch zu dir gesagt?«, wollte ich wissen.

»Ja, er hat gesagt: ›Ney muss verrückt geworden sein! Sie hat mich um Rat gefragt.‹«

Einige Zeit später fand ich in den Sprüchen einen Abschnitt, über den ich mir lange Gedanken machte.

»Gehorche, mein Sohn, der Zucht deines Vaters und verwirf nicht die Weisung deiner Mutter! Denn ein anmutiger Kranz für dein Haupt sind sie und eine Kette für deinen Hals« (Sprüche 1,8-9).

Meine Eltern hatten mir nie Belehrungen erteilt oder Vorschriften gemacht. Und doch erkannte ich, als ich über diesen Abschnitt nachdachte, dass sie mich unterwiesen hatten, einfach indem ich beobachten konnte, was sie taten, indem sie vor meinen Augen ihr Leben lebten und mir dadurch alles Mögliche zeigten. Ich holte mir einen Schreibblock und begann zu notieren, was ich von meinen Eltern alles gelernt hatte, was ich an ihnen besonders schätzte und welche Eigenschaften und Fähigkeiten ich in meinem Leben mit ihrer Hilfe hatte entwickeln können.

Aus meinen Gedanken wurde ein fünf Seiten langer Brief, den ich meinen Eltern zum Hochzeitstag schickte. Bestimmt bin ich später einmal froh darüber, dass ich ihnen diese Dinge gesagt habe.

Als Vater und Mutter meinen Brief erhielten, waren sie so gerührt, dass sie sich hinsetzten und weinten.

Eltern sollten und möchten erfahren, dass wir, ihre Kinder, zu schätzen wissen, was sie im Lauf der Jahre für uns getan haben. Sie sollten wissen, dass ihre Kinder ihnen dankbar sind, dass sie die Eltern schätzen, dass sie ihren Rat beachten und sie so annehmen, wie sie sind, auch wenn sie ganz anders sind als wir.

Ich bin überzeugt, dass Gott zerstörte oder gespannte Beziehungen heilen möchte, dass er eingreifen möchte, wo immer es Spannungen gibt und Liebe fehlt. Obwohl mein Vater mich nie für etwas um Vergebung bat, hat Gott von mir verlangt, es zu tun. Heute schätze und liebe ich meinen Vater von ganzem Herzen.

Und nachdem nun die Feindseligkeit in meinem eigenen Herzen beseitigt ist, kann ich in ihm all die vielen Qualitäten sehen, für die ich vorher blind war. Er ist liebevoll, lustig und fürsorglich. Meine Freunde haben ihn sehr gern und finden, dass er wunderbar Geschichten erzählen kann.

Er ist außerdem ein tüchtiger Rechtsanwalt – und in meinen Augen ein großartiger Mensch. Ich bin sehr stolz auf ihn.

Kürzlich fiel mir auf, dass mein Vater sich eigentlich in vieler Hinsicht gar nicht geändert hat. Aber ich bin anders geworden. Darin besteht der ganze Unterschied.

Ein Stein nach dem anderen

Menschliche Beziehungen sind Bewährungsproben im Leben. Sie können schmerzlich sein oder segensreich. Und oft sind sie eine Mischung aus beidem, aus Höhen und Tiefen; einmal eine Quelle höchster Freude, dann wieder eine Quelle tiefsten Kummers.

1969 begann für mich eine Beziehung, die zu einer der bedeutsamsten in meinem bisherigen Leben werden sollte.

Nachdem ich sechs Jahre lang die Personalabteilung von Campus für Christus geleitet hatte, trat ich in den Reisedienst unserer Bewegung und war für die Betreuung unserer Mitarbeiterinnen an allen Universitäten der mittleren Südstaaten der USA verantwortlich.

Meine Aufgabe war es, die einzelnen Mitarbeiterinnen in ihren persönlichen Fragen zu unterstützen und sie geistlich weiterzuführen. Normalerweise war man im Reisedienst allein unterwegs, doch ich bat darum, mit jemand anderem zusammen meine Reisen unternehmen zu dürfen. Meine Bitte wurde erfüllt, und Jean Pietsch wurde meine Partnerin.

Da wir nun so eng zusammenarbeiten würden, beschlossen Jean und ich, uns eine gemeinsame Wohnung zu nehmen. Das Zusammenleben fing zunächst sehr schön an.

Wir setzten uns hin und sprachen darüber, was wir mochten, was wir nicht so sehr mochten und worauf wir jeweils besonderen Wert legten – ich möchte das »Vorsorgeinspektion« nennen.

Meine Autofirma hat ein Programm aufgestellt, das sich so nennt. Sie ruft die Autobesitzer dazu auf, in regelmäßigen Abständen ihre Autos überprüfen zu lassen, um eventuelle Schäden so frühzeitig feststellen zu können, dass keine größeren Probleme daraus werden.

Grundsätzlich hatte ich dieses Prinzip in jeder neuen Wohnsituation für sehr nützlich gehalten. Ich erfuhr zum Beispiel, dass Jean im Haushalt auf peinliche Sauberkeit Wert legte und alles so aufgeräumt und sauber wie möglich haben wollte. Und Jean fand heraus, dass ich nichts im Leben so sehr verabscheue wie das Platzen einer Kaugummiblase. Es hat auf mich eine ähnliche Wirkung, wie wenn Kreide auf einer Tafel kratzt. Es tat mir leid, dass platzende Kaugummiblasen mir so sehr zusetzten, aber Jean versprach, darauf Rücksicht zu nehmen, wie auch ich mich dazu verpflichtete, auf ihre Wünsche einzugehen.

Aus früheren Erfahrungen dieser Art hatte ich mir als Wahlspruch gemerkt: »Wenn du Stein für Stein jede Kleinigkeit beachtest und ernst nimmst, baust du nie zwischen dir und dem anderen eine Wand auf.« Auch das Gegenteil hatte ich schon als wahr erkannt: Wenn zwei Menschen sich nicht Stein für Stein mit den vorhandenen Problemen auseinandersetzen, bauen sie eine Wand zwischen sich auf. Und die Wand bleibt dann entweder für immer bestehen, oder sie stürzt in einem schmerzlichen Augenblick mit einem lauten Krachen ein. Beide Möglichkeiten können gleich viel Leid verursachen.

Also verpflichteten Jean und ich uns dazu, eine offene und ehrliche Beziehung zueinander zu haben. Wir beschlossen, vor Gott und voreinander »im Licht zu leben«, und wir wollten über alles miteinander reden, ob uns danach zumute war oder nicht.

Außerdem verpflichteten wir uns zum Gebet – sowohl miteinander als auch füreinander. Unser Zuhause war in Dallas, Texas, und gleich, als wir beide dort ankamen, knieten wir nieder und beteten: »Herr, wir gehören dir. Wir vertrauen uns dir und einander an, damit du in uns und durch uns all das tun kannst, was du tun willst. Was auch geschieht, Vater, bewahre uns davor, an der Fülle, die du von deinen Zielen her für uns bereithältst, vorbeizuleben.«

Wir baten Gott darum, in unserer Beziehung sichtbar werden zu lassen, was Jesus in seinem Gebet in Johannes 17 ausgedrückt hat: Er bat den Vater, er möge uns, die Gläubigen, vollkommen machen in der Einheit, damit wir eins würden, wie Christus und der Vater eins sind.

Nach meinem Verständnis heißt Einheit oder Einssein nicht, dass wir ganz gleiche Personen sein sollten, vergleichbar in jeder Hinsicht. Es bedeutete vielmehr, dass wir keine Konflikte, keine Feindseligkeiten und keinen Groll gegeneinander dulden wollten, die als Bausteine für einen »Mauerbau« dienen konnten. Wir waren verschieden, aber unsere Beziehung sollte harmonisch sein, wie Musikinstrumente zusammenklingen, obwohl sie sehr verschieden sind.

So begannen wir unsere Beziehung auf der festen Grundlage von Gottes Wort, Gebet und der Verpflichtung zum Gespräch miteinander. Doch wir wussten sehr wenig über unsere unterschiedliche Herkunft und unsere emotionalen Eigenheiten.

Schon nach ein paar Tagen fühlte ich mich in Jeans Gegenwart immer unbehaglicher. Ihre Art schien sehr kühl und abweisend, eine Kombination von Feindseligkeit und Gleichgültigkeit. Sie äußerte dies nicht so sehr in Worten, sondern vielmehr in ihrem Verhalten, das von innen her, aus ihrem Naturell, zu kommen schien.

Ich wusste, dass Jean ein sehr begabter Mensch und nach ihrer eigenen Beschreibung fast ihr ganzes Leben lang ein »Einzelgänger« war. Offenbar rückte sie wegen ihrer Fähigkeiten und Talente immer zu schnell nach oben an die Spitze, um auf gleicher Basis Beziehungen mit den Menschen um sie herum anknüpfen zu können; sie war ihnen gegenüber immer in der Führungsposition. Später fand ich heraus, dass Jean in unserer Freundschaft zum ersten Mal Gelegenheit zu einer partnerschaftlichen Beziehung hatte, bei der sie persönliche Probleme mit jemandem auf gleicher Basis bewältigen musste.

Ich versuchte, Jeans Verhalten im Licht ihrer Vorgeschichte zu verstehen, war aber trotzdem ratlos, wie ich auf diese Situation reagieren sollte. Ich war immer ein »Gruppenmensch« gewesen. In der Oberschule wie auch an der Uni hatte ich mehr Erfolg im Umgang mit den Menschen als mit meinen Studien. Ich hatte immer jede Gelegenheit genutzt, um alle möglichen Leute kennenzulernen und Spaß mit ihnen zu haben. Nun aber schien es, als würde eine Mauer entstehen, die wir nicht hatten bauen wollen.

Wegen der Unterschiede in Bezug auf unsere Herkunft und Persönlichkeit schien unsere größte Schwierigkeit dadurch zu entstehen, wie wir das Gespräch miteinander suchten. Obwohl wir uns beide zu einem bestimmten Umgang miteinander verpflichtet hatten und offensichtlich Fortschritte im gegenseitigen Verständnis machten, belasteten uns diese Unterschiede im Lauf der Zeit immer mehr. Jean schien sich durch meine Offenheit in meinen Gefühlsäußerungen und Reaktionen ständig bedroht zu fühlen, und oft war ihre Gegenmaßnahme, dass sie sich einfach zurückzog. Ich meinerseits war dadurch manchmal verletzt und entmutigt.

An manchen Tagen, wenn die Atmosphäre in unserer Wohnung in Dallas buchstäblich geladen zu sein schien, verschaffte ich mir eine kleine Verschnaufpause in einem nahe gelegenen Café. Oft saß ich – so schien es mir – sehr lange da und starrte aus dem Fenster.

»Wie bin ich nur in all das hineingeraten?«, dachte ich dann. »Warum wohne ich mit jemandem zusammen, der so feindselig, so kalt, so zurückhaltend und gefühllos ist?«

Meine häufigen Rückzüge ins Café halfen mir, alles wieder aus der richtigen Perspektive zu sehen. Unsere Schwierigkeiten brachten mich dazu, Gottes Weisheit und Führung anzuzweifeln, die Jean und mich zusammengeführt hatte. Ich war versucht, mich dem Gedanken hinzugeben: »Wir können eben nicht miteinander auskommen, weil wir so verschieden sind.«

Aber wenn ich von zu Hause wegkommen und nachdenken konnte, erinnerte ich mich immer wieder daran, dass das, was Gott in seinem Wort über seine Liebe sagt und darüber, wie er mich und Jean angenommen hat, mein Maßstab sein sollte – und nicht die Erfahrung, die ich zu Hause machte.

Ich dachte an die Worte Jesu, als er Satan anprangerte als den, der nur kommt, »um zu stehlen, zu schlachten und zu vernichten« (Johannes 10,10a), und zwar das Leben im Überfluss, das Christus für uns vorgesehen hat. Wenn ich so im Café saß, füllte Gottes Sicht der Dinge meine Gedanken. Er hatte Jean und mich füreinander berufen. Es war sein Tun. Und da Jesus für unsere Einheit gebetet hatte, konnte nur Satan es darauf abgesehen haben, sie zu zerstören. Ich musste weiter blicken als nur auf Jean – auf Gott selbst.

Dann trank ich meinen Kaffee aus, ging wieder in die Wohnung und fühlte mich etwas besser.

Einmal, als ich zur Tür hereinkam, sah Jean auf. »Wie war dein Spaziergang?«, fragte sie. »Schön«, antwortete ich. »Ich habe einige Besorgungen gemacht und bin dann ins Café gegangen.« »Du gehst gern dorthin, nicht wahr?«

Ich zögerte: »Ja. Ich kann dort sehr gut nachdenken.« Dann fragte ich: »Jean, hast du auch gespürt, was für eine Spannung in der Luft lag, als ich wegging?« »Ja«, erwiderte sie.

»Weißt du, woher sie kam?«

Diesmal zögerte Jean, nachdenklich und überlegend. »Nein. Ney, ich weiß nicht genau, woher meine Gefühle kommen. Könnten wir darüber beten …, noch mal?«

Und so übten wir erneut eine Gewohnheit, durch die unsere Beziehung während der nächsten drei erfüllten und wichtigen Jahre zusammengehalten wurde. Wir knieten uns vor der Couch im Wohnzimmer hin und beteten.

»Herr, uns ist nicht besonders nach Beten zumute, aber da sind wir. Dein Wort sagt, wir sollen Gott unermüdlich um alles bitten (Lukas 18,1). Und uns ist nach Aufhören zumute, darum beten wir lieber. Dein Wort sagt auch: ›Sagt in allem Dank! Denn dies ist der Wille Gottes in Christus Jesus für euch‹ (1. Thessalonicher 5,18). Während wir also in dieser Sache drinstecken, entschließen wir uns ganz bewusst dazu, dir für das zu danken, was wir gemeinsam durchzustehen haben, auch wenn wir nicht ganz verstehen, warum es solche Kämpfe sind.

Danke für deine Verheißung, dass ›alle Dinge‹, also auch diese, ›zum Guten mitwirken‹ ›denen, die [dich] lieben‹, und das tun wir. Dies gilt für alle, ›die nach [deinem] Vorsatz berufen sind‹, also auch für uns (Römer 8,28). Du hast auch gesagt, dass in dir keine Finsternis ist (1. Johannes 1,5), und darum bitten wir dich: Sende Licht auf unsere Wege, und gib uns Weisheit und Verständnis.

Wir berufen uns auf deinen Sieg über Satan in unserem Leben. Wir beten darum, dass wir eins sein können, wie du es uns zugedacht hast. Und, Gott, dein Wort sagt, dass wir dazu bestimmt sind, deinem Sohn ähnlich zu werden (Römer 8,29). Wir bitten dich jetzt, höre nicht auf mit uns, bis dein Werk vollendet ist. Auch wenn es uns Schmerzen bringt, wollen wir dein Werk in unserem Leben weiterführen, um dein Ziel zu erreichen.«

Wie bei anderen Gelegenheiten löste sich die Spannung, und ein Geist der Einheit kehrte zurück, wenn wir gemeinsam laut beteten. Jean und ich wussten, wie verschieden wir in unseren Emotionen waren. Aber wenn wir uns auf keiner anderen Ebene mehr treffen konnten, wussten wir: In Jesus Christus würden wir immer wieder zueinander finden. Wir konnten uns unter dem Kreuz begegnen. Wir konnten uns im Gebet auf einer geistlichen Ebene finden, und das taten wir unzählige Male, während wir zusammenlebten.

Manchmal kamen unsere Verschiedenheiten in den einfachen, praktischen Alltagserfahrungen zum Vorschein. Zum Beispiel bringt mein Vater seit fünfundvierzig Jahren meiner Mutter den Kaffee ans Bett – eine kleine Aufmerksamkeit, um ihr den Tagesbeginn zu erleichtern. Und wenn ich zu Hause zu Besuch bin, bringen mir meine Eltern meistens auch morgens den Kaffee ans Bett.

So fing ich an, Jean jeden Morgen den Kaffee ans Bett zu bringen. Doch eines Morgens merkte ich, dass sie sich gar nicht zu freuen schien, sondern äußerst gereizt darauf reagierte.

Verwundert überlegte ich. »Vielleicht ist das verkehrt«, dachte ich für mich. Ich spürte in meinem Magen etwas wie einen Stein. Ich wusste: Wir mussten darüber sprechen.

Später fragte ich: »Jean, wäre es dir lieber, wenn ich dir morgens nicht den Kaffee ans Bett bringen würde?« Als wir darüber sprachen, sagte Jean: »Ney, ich glaube, es ist mir deshalb peinlich und unangenehm, weil es mir nicht zuerst eingefallen ist! Ich komme mir vor, als sei ich nicht würdig, dass du mir diese Freundlichkeit entgegenbringst – und weil ich nicht daran gedacht habe, es für dich zu tun, darum kann ich dir auch nicht dafür dankbar sein.«

Jahre später sagte Jean im Rückblick auf unser »Kaffee-Erlebnis«: »Deine schlichte Geste war nur der Anfang zahlloser Geschehnisse, die mir zeigten, wie unsicher und stolz ich war. Ich hatte die irrige Idee, dass ich alles wissen, an alles denken und alles tun müsste, sonst kam ich mir unwürdig vor. Ich habe mich ganz schön unter Druck gesetzt, nicht wahr?«

Unsere erste gemeinsame Fahrt als Mitarbeiterinnen im Reisedienst führte uns nach Lubbock in Texas. Dort gingen wir eines Morgens in ein Lebensmittelgeschäft, um uns etwas fürs Frühstück zu kaufen. Als wir die Auswahl an tief gefrorenen Orangensäften ansahen, fragte ich: »Welchen möchtest du?«

Jean war sofort reserviert und schien nicht mehr in der Lage, meine Frage direkt zu beantworten. In meinem Magen bemerkte ich den vertrauten Stein. Ich spürte förmlich, wie da wieder ein Stein aufgeschichtet wurde, wie wieder eine Mauer entstand. Später fragte ich Jean, ob wir uns unterhalten könnten über das, was im Lebensmittelladen geschehen war.

Jean antwortete: »Na ja, ich habe mich mal wieder über dein Entgegenkommen geärgert. Ich erwartete, dass du den Saft wählst, ohne mich zu fragen. Ich bin es einfach nicht gewöhnt, dass man sich so liebevoll um mich kümmert.«

»Jean, ich möchte keine Belastung für dich sein, aber es ist mir nicht egal, wie du empfindest und was du gern hast.«

Sie antwortete: »Gott weiß darum, wenn wir für andere eine Belastung sind, Ney. Und er wird die Belastung dann von uns nehmen, wenn er es für richtig hält. In der Zwischenzeit müssen wir sie aushalten und werden hoffentlich dadurch geformt, also sei bitte auch weiterhin liebevoll zu mir. Es hilft mir, ein paar innere Barrieren zu überwinden.«

Bei anderer Gelegenheit musste *ich* lernen, die Nehmende zu sein. Wegen des Umzugs und der Einrichtungskosten war ich finanziell ziemlich schlecht dran. Wenn mein Gehalt kam, war es bereits so gut wie aufgeteilt, und es blieb kaum genug für das Allernotwendigste.

Noch nie zuvor hatte ich mir von jemandem Dinge wie Shampoo, Haarspray oder Klebestreifen borgen müssen. Ich lieh gar nicht gern etwas von Jean aus, aber wie ich meinte, blieb mir keine andere Wahl.

Ich spürte jedoch, dass es ihr ebenso schwerfiel, mir etwas zu geben, wie es mir schwer wurde zu borgen, und das machte die Situation für uns beide schwierig.

Eines Tages sagte ich: »Jean, es ist mir wirklich zuwider, dich um all diese Dinge bitten zu müssen, aber ich weiß nicht, wie ich es anders machen soll. Und meine Bitten gehen dir offenbar auch auf die Nerven.«

Aus ihrer Antwort erfuhr ich, dass sie mit drei Schwestern groß geworden war, von denen jede ihre eigenen Sachen hatte. So hatte sie selten persönliche Dinge mit anderen teilen müssen – und diese Einstellung hatte sich auch nicht geändert, als sie mit anderen zusammenwohnte.

»Ich weiß, dass ich selbstsüchtig bin. Ich glaube, der Herr will mich lehren, freigebiger zu sein«, sagte sie.

»Weißt du«, antwortete ich, »mir fällt zwar das Geben leicht, aber das Nehmen macht mir Schwierigkeiten! Gott will mich offenbar das Nehmen lehren.«

Wir mussten beide lachen, als wir erkannten, dass Gott uns gegensätzliche Prinzipien durch dieselbe Situation lehren wollte.

Ganz gleich unter welchen Umständen, wir fanden ständig Gelegenheiten, bei denen sich Steine zu einer Mauer zwischen uns hätten stapeln können, wenn wir uns nicht täglich Stein für Stein mit diesen Hindernissen auseinandergesetzt hätten.

Besonders wirksam fanden wir die Methode, jede einzelne Angelegenheit, jeden »Stein«, wie auf einen Tisch vor uns zu legen, um objektiv darüber zu reden. Jean äußerte dann ihre Ansicht zu einem bestimmten Geschehen, und ich sagte ihr meine Meinung dazu.

Wir stellten fest, dass wir normalerweise an dieselbe Sache von ganz verschiedenen Seiten herangingen, aber je häufiger wir unsere Ansichten besprachen, desto größer wurde unser Verständnis füreinander.

Manchmal konnten wir einfach dadurch, dass wir über die Sache sprachen, zu einem gegenseitigen Verständnis kommen.

Manchmal war es auch nötig, dass wir einander um Vergebung baten. Es kam auch vor, dass wir uns nicht verständigen konnten; dann kamen wir einfach überein, die Sache auf dem »Tisch« zu lassen.

Oft half es uns, eine Sache objektiv zu betrachten, wenn sich jeder von uns fragte: »Lässt sich dieser Konflikt mit anderen vergleichen, die ich vorher schon hatte?« Manche Reaktionen entspringen ähnlichen Erfahrungen in der Vergangenheit und weniger der augenblicklichen

Situation. Ob das der Fall ist, können wir daran erkennen, dass wir dann weitaus stärker reagieren, als es der augenblicklichen Situation angemessen ist.

Einmal, als wir diese Frage diskutierten, fanden wir heraus, dass ich Jean in vieler Hinsicht an andere Leute aus ihrem Bekanntenkreis erinnerte, die sie wegen ihrer freien Art, beispielsweise ihre Gefühle zu äußern, abgelehnt hatte. So verhalfen auch einige unserer Einsichten dazu, dass jene anderen Beziehungen verändert und geheilt wurden.

Wir fanden heraus, dass es einen »Stein« gab, den ich als »Luftblase der Einbildung« bezeichnete. Eine Einbildung liegt dann vor, wenn, erstens, *ich denke,* der andere denkt etwas Negatives über mich, oder, zweitens, *der andere denkt,* ich denke etwas Negatives über ihn. Gewöhnlich entbehrt eine solche Einbildung jeder Grundlage in der Wirklichkeit – mit anderen Worten: Der Gedanke wurde nie ausgesprochen, er entspricht also keiner bekannten Tatsache. Zum Beispiel könnte jemand denken:

»Ich glaube, sie mag mich nicht.« »Er möchte bestimmt, dass ich gehe.« »Ihr gefällt mein Haar nicht.« »Er denkt, ich bin unpassend angezogen.«

Wir bilden uns ein, diese Gedanken seien richtig, und folglich »blasen« wir sie auf und lassen ihnen freien Lauf, sodass dadurch unsere Beziehungen zu anderen belastet werden.

Einbildungen können etwas sehr Zerstörerisches sein. Viele Beziehungen sind völlig in die Brüche gegangen, einfach weil Menschen an ihre Einbildungen glaubten, ohne jemals zu überprüfen, ob sie auch mit der Wirklichkeit übereinstimmten.

Jean und ich beschlossen, solche Gedanken offen zu besprechen, wenn sie zwischen uns aufkamen, und das war häufig der Fall. Weil wir über diese Einbildungen offen miteinander sprachen, konnten wir sie wie aufgeblasene Ballons mit Nadeln anstechen – sofort waren sie verschwunden!

Ein solcher Ballon platzte während eines Besuchs an der Universität von Kansas. An einem Nachmittag waren wir dabei, uns für ein evangelistisches Treffen im Haus einer Studentenvereinigung vorzubereiten. Mir war das Herz sehr schwer, denn aus Jeans Benehmen schien mir deutlich erkennbar, dass sie an jenem Tag mit niemandem zusammen sein wollte, und schon gar nicht mit mir. Ich dachte: »Ich kann einfach nicht zu diesem Treffen gehen, bevor ich mich nicht mit ihr ausgesprochen habe.«

Kurz bevor es Zeit zum Aufbruch war, nahm ich allen Mut zusammen, um ihr zu sagen, was für einen Eindruck ich hatte.

»Jean«, bat ich, »können wir miteinander reden, bevor wir gehen?«

Sie sah von ihrem Buch auf und sagte: »Natürlich.« Ich fuhr fort: »Ich habe den deutlichen Eindruck, dass du heute Abend nicht mit mir zu diesem Treffen gehen willst.«

Sie rief: »O nein, Ney! Das stimmt überhaupt nicht. Aber ich dachte die ganze Zeit, du wolltest nicht mit *mir* gehen!«

»Jean, ganz ehrlich, nichts liegt mir ferner als das!« Wir waren nun beide erleichtert, weil wir wussten: Da war wieder einmal Satan am Werk gewesen, um unsere Einheit zu untergraben, zu rauben und zu zerstören, gerade jetzt, als wir drauf und dran waren, diesen Abend gemeinsam als Rednerinnen zu gestalten.

Ein weiteres Problem, das bei zwischenmenschlichen Beziehungen oft auftaucht, sind falsche Erwartungen.

Manchmal verlangen wir von anderen Menschen mehr, als sie geben können, oder wir betrachten das, was sie geben, als selbstverständlich.

Ich hörte einmal eine Geschichte von einem Mann, der einen Monat lang ein Experiment machen wollte. Er wollte in einem bestimmten Wohnviertel jedem Haushalt einen Fünfzig-Euro-Schein schenken, ohne jede Verpflichtung.

Am ersten Tag seines Experiments, als er von Haus zu Haus ging, hatten die Bewohner erhebliche Zweifel – und zwar an seinem Verstand. Sie streckten zögernd die Hand durch den Türspalt und nahmen hastig den Geldschein an sich. Am zweiten Tag, als er wieder mit einem Fünfzig-Euro-Schein an jede Tür kam, war die Reaktion ähnlich.

Bis zum dritten und vierten Tag hatten viele Leute die Geldscheine zur Bank gebracht und festgestellt, dass sie echt waren, und in der ganzen Nachbarschaft sprach man von diesen geschenkten Fünfzig-Euro-Scheinen.

In der zweiten Woche standen die Leute schon an den Haustüren, sahen die Straße hinunter und warteten darauf, dass der Mann kam. Sie fingen an, einander zu besuchen und unterhielten sich von Tür zu Tür und über die Straße.

In der dritten Woche aber schien sich der Reiz des Neuen zu verlieren. Die Bewohner nahmen das tägliche Geschenk bereits als etwas Gewohntes an. Die Gaben wurden »ein alter Hut«. Und in der vierten Woche wurden sie, da die Besuche des Mannes zur Routine geworden waren, als fester Bestandteil des Lebens hingenommen.

Am allerletzten Tag versuchte der Mann noch etwas Neues. Er ging wieder die Straße entlang, aber diesmal gab er keine Geldscheine aus. Da geschah etwas ganz Seltsames. Die Bewohner rissen die Tür auf, kamen an die Gartenpforte und riefen ärgerlich: »Wo ist unser Geld?« und: »Sie, wie kommen Sie dazu, mir meine fünfzig Euro heute nicht zu geben?«

Was war geschehen? Die Leute hatten etwas gefordert und erwartet, was sie ursprünglich als Geschenk und unverdientermaßen erhalten hatten. Sie hatten nach und nach die Haltung entwickelt, der Mann »schulde« ihnen die Fünfzig-Euro-Scheine.

Das ist ein Beispiel dafür, wie wir manchmal mit anderen Menschen und auch mit Gott umgehen. Alles im Leben ist eigentlich ein Geschenk – unsere Familien, unsere Freunde, unser materieller Besitz, unsere Gesundheit. Im Lauf unseres Lebens können wir dazu kommen, diese Gaben als selbstverständlich anzusehen und sogar bestimmte Erwartungen zu haben, wie die Dinge sein »sollten«. Wenn und sobald sie uns einmal genommen werden, werden wir oft verärgert und fordernd, weil wir glauben, wir hätten ein »Recht« auf sie. Doch wäre es viel besser für uns, wenn wir uns dazu entschließen würden, dankbar zu sein für das, was uns geschenkt wird.

Paulus beschreibt im Römerbrief wunderschön dieses Prinzip, wie wir andere annehmen sollten: »Deshalb nehmt einander auf, wie auch der Christus euch aufgenommen hat, zu Gottes Herrlichkeit« (Römer 15,7). Es dient dem Lob Gottes, wenn wir einander annehmen, und es macht Gott Unehre, wenn wir es nicht tun.

Wenn wir uns nicht willentlich dafür entscheiden, andere anzunehmen, dann setzen wir unsere ganzen Erwartungen darauf, dass sie sich genau nach unseren Vorstellungen verhalten. Wenn andere unseren Erwartungen entsprechen, haben wir in der Regel kaum Probleme mit ihnen. Aber wenn sie sich nicht nach unserem »Geschmack« verhalten, geben wir ihnen gern eins drauf, schwingen uns zum Richter über sie auf und lassen sie auf verschiedene Arten wissen, dass sie unseren Maßstäben ganz und gar nicht genügen. Und dann bekommen sie das Gefühl, dass sie in unseren Augen Versager sind.

David schreibt in Psalm 62, dass nur Gott allein sein Fels und seine Festung ist. Warum? Weil Gott die einzige »Konstante« in unserem Leben ist, alles andere ist veränderlich. Wenn wir unsere Hoffnung auf das Veränderliche setzen, werden wir unweigerlich enttäuscht.

Sehr oft musste ich mich fragen: »Worauf habe ich meine Hoffnungen gesetzt? Auf Jeans Verhalten oder auf Gott?« Wenn wir unsere Hoffnungen auf das Verhalten eines anderen Menschen setzen oder auch nur auf unser eigenes, wird unser Leben zu einer Fahrt in der Achterbahn, einfach weil es im menschlichen Verhalten ein ständiges Auf und Ab gibt.

Obwohl all diese Dinge – individuelle Verschiedenheiten, Einbildungen und falsche Erwartungen – unsere Beziehungen erheblich belasten können, geht doch wohl von einer *Kränkung* der zerstörerischste Einfluss aus. Es gab Zeiten, in denen Differenzen zwischen Jean und mir tiefe Kränkungen verursachten.

Ich erinnere mich noch lebhaft an einen Abend, an dem Jean nicht zu Hause war. Ich kniete neben meinem Bett nieder und rief im Gebet laut aus: »Herr, ich habe nicht das Gefühl, dass Jean mich liebt, und ich empfinde auch keine Liebe für Jean. Nach all diesen Jahren dachte ich, ich wüsste etwas über Liebe, aber jetzt bin ich mir nicht sicher, ob ich überhaupt eine Ahnung habe!

Ich bete darum, dass du mich deine Liebe lehrst. Meine ist völlig verbraucht. Ich gebe mich dir hin als ein Werkzeug deiner Gerechtigkeit. Ich bete, dass ich für

Jean das sein kann, was sie in dir braucht, und nur du weißt, was das ist. Ich bitte dich: Tu durch deinen Geist an mir und durch mich, was ich selbst nicht für mich tun kann.«

Ich wusste, dass wir beide von Herzen das Richtige wollten und dass wir beide Gott liebten. Wir waren verschieden, aber verschieden hieß ja nicht »verkehrt«. Aber wenn diese Verschiedenheiten Kränkungen mit sich brachten, reagierte ich unterschiedlich darauf.

Zuerst war ich immer geneigt, alles auf Jean zu schieben und den Fehler bei ihr zu suchen. Dann dachte ich: »Ohne Jean wäre alles in bester Ordnung.« Doch dann packte ich diese Gedanken beim Schopf und entschied mich mit meiner ganzen Willenskraft dafür, Jean nicht anzuklagen. Ich musste selbst die Verantwortung für mein Verhalten übernehmen und für die negativen Gedanken, die aus meinem Herzen hervorkamen.

Zum Beispiel betete ich: »Herr, welche Fähigkeiten willst du durch diese Erfahrung in meinem Leben zur Entfaltung bringen?« Da mir das Lieben so schwer fiel, war die Antwort, die in mir auftauchte: »Liebe«.

Als ich anfing, über 1. Korinther 13 nachzudenken, wurde ich wieder wie damals, als es um die Beziehung zu meinem Vater ging, daran erinnert, dass Gottes Liebe sehr viel mehr mit dem Willen zu tun hat als mit Gefühlen und Empfindungen.

Wenn wir an anderen Menschen etwas entdecken, was wir nicht leiden können, neigen wir dazu, sie zu verurteilen, und wir konzentrieren uns genau auf das, was uns an ihnen nicht gefällt, und machen ihnen Vorhaltungen, dass sie so sind, wie sie sind. Aber Gott möchte nicht, dass wir andere verurteilen. Er sieht Anfang und Ende. Er weiß, wo jeder Einzelne von uns herkommt, und er weiß um allen Kummer, den wir durchgemacht haben.

Ein kleiner Junge saß einmal mit seinem Vater im Zug. Den ganzen Tag schluchzte, weinte und wimmerte der Junge mit nur kurzen Unterbrechungen. Als es Nacht wurde, legten Vater und Sohn sich in eine der Schlafkojen im Zug. Aber durch die Vorhänge konnte man den Jungen weiterschluchzen hören.

Ein Mitreisender, der sich das Weinen des kleinen Jungen nun schon seit Stunden angehört hatte, wurde ungeduldig und ärgerlich. Aufgebracht sprang er aus seiner Koje und riss die Vorhänge zurück, hinter denen Vater und Sohn sich für die Nacht hingelegt hatten.

In scharfem Ton sagte er: »Sie, wenn Sie den Jungen nicht dazu bringen können, dass er aufhört zu heulen, dann sollten Sie ihn besser seiner Mutter überlassen.« Der Vater antwortete leise: »Seine Mutter ist gerade gestorben. Wir bringen ihren Leichnam zur Beerdigung nach Hause.«

Der Mitreisende hatte nur einen Teil der Wahrheit gesehen und darauf sein Urteil gegründet. Erst als er noch weitere Informationen erhalten hatte, konnte er das Verhalten richtig einordnen.

Ebenso wurde auch ich in dem Maße frei davon, Jean zu verurteilen, wie mir die Augen aufgingen über ihr gesamtes bisheriges Leben und ihre Herkunft.

Oft reagieren wir auf Kränkungen, die uns zugefügt werden, auch so, dass wir den anderen ebenfalls verletzen wollen. Ein solches »Rache-Denken« kann jede Beziehung zerstören. Doch in 1. Petrus 3,8-9 heißt es: »Endlich aber seid alle gleichgesinnt, mitleidig, voll brüderlicher Liebe, barmherzig, demütig, und vergeltet nicht Böses mit Bösem oder Scheltwort mit Scheltwort, sondern im Gegenteil segnet, weil ihr dazu berufen worden seid, dass ihr Segen erbt!« Wir müssen uns darin üben zu segnen, wenn wir gekränkt worden sind.

Eine Möglichkeit zu segnen ist, im Leben eines Menschen, der uns verletzt hat, einen »guten Samen zu säen«. Ich hatte einmal einen Garten, und ich entdeckte, dass, wenn ich zum Beispiel einen Gurkensamen säte, daraus nicht nur *eine* Gurke wurde, sondern dass *viele* Gurken aus dem einen Samen entstanden. Und nicht nur das, sondern wenn ich Gurkensamen pflanzte, erntete ich Gurken und keine Karotten. Ich bekam genau das, was ich gesät hatte, und eine weit größere Menge davon, als ich gesät hatte.

Oft habe ich den Ausspruch »Man erntet, was man sät« in dem Sinne gehört, dass man, wenn man böse Dinge tut, auch böse Folgen zu tragen hat. Doch der Satz gilt auch, wenn man gute Dinge tut, die dann gute Folgen haben.

Wenn wir Böses säen, können Schwierigkeiten erwachsen, aber wenn wir guten Samen säen, kann daraus Liebe und Harmonie entstehen. In Galater 6,7-9 heißt es: »Irrt euch nicht, Gott lässt sich nicht verspotten! *Denn was ein Mensch sät, das wird er auch ernten.* Denn wer auf sein Fleisch sät, wird vom Fleisch Verderben ernten; wer aber auf den Geist sät, wird vom Geist ewiges Leben ernten. *Lasst uns aber im Gutestun nicht müde werden! Denn zur bestimmten Zeit werden wir ernten, wenn wir nicht ermatten*« (Hervorhebungen von der Verfasserin).

Und in Jakobus 3,18 wird darauf hingewiesen, dass wir die Frucht der Gerechtigkeit säen müssen, wenn wir Frieden ernten wollen. Was ist mit Frucht der Gerechtigkeit gemeint? Es ist die Frucht des Geistes; es ist ein von Christus geprägtes Verhalten und Reagieren in jeder Situation.

Die Frucht des Geistes wird im Galaterbrief beschrieben: »Liebe, Freude, Friede, Langmut, Freundlichkeit, Güte, Treue, Sanftmut, Enthaltsamkeit. Gegen diese ist das Gesetz nicht gerichtet« (Galater 5,22-23). Das bedeutet: Wir können so liebevoll, freundlich, geduldig und gütig sein, wie wir wollen, denn dagegen gibt es keine Gesetze!

Wenn in mein Leben jemand einen »Samen des Hasses« sät, kann ich ihn Wurzeln schlagen lassen, eine große »Hass-Ernte« heranziehen und den Ertrag dann dem anderen wieder in sein Leben werfen, wo er als neuer Same des Hasses aufkeimt und Abneigung und Bitterkeit entstehen lässt. Oder aber ich kann einen Samen des Hasses, den jemand in mein Leben sät, als solchen erkennen und entschlossen aus dem Teufelskreis ausbrechen, indem ich dem anderen Menschen vergebe und ihm Gutes erweise.

Jean und ich bemühten uns nach Kräften, guten Samen im Leben des anderen zu säen. Das erste Jahr unseres Zusammenlebens war weitaus das schwierigste, voll von Missverständnissen. Doch in diesem Jahr hatte ich heimlich Erinnerungsstücke von allen unseren Reisen gesammelt. Ich hatte Postkarten, Souvenirs und Bilder zusammengetragen und ein Tagebuch über unseren Dienst geführt. Am Ende des Jahres klebte ich alles in ein großes Heft und überraschte Jean damit.

Andererseits war es Jean, die oft unsere Flugtickets besorgte, wunderbare Mahlzeiten für uns kochte und schriftlich oder telefonisch alles veranlasste, was für unsere Reisen notwendig war. Rein gefühlsmäßig hatte jede von uns Zeiten, in denen sie nicht bereit war, der anderen einen Liebesdienst zu erweisen. Aber wir wollten uns nicht an unseren Gefühlen orientieren, sondern hatten uns ganz bewusst dazu entschlossen, durch solche Dinge guten Samen in das Leben des anderen zu säen.

Die beste und heilsamste Reaktion auf eine Kränkung ist jedoch die Vergebung. Ich hatte mir fest vorgenommen, Jean zu vergeben, wann immer ich mich gekränkt fühlte. Ich musste immer und immer wieder Vergebung üben. Dabei half es mir, das Wort »vergeben« in »für den anderen geben« umzuformen und mich zu fragen:

Suche ich nach einer Möglichkeit, *für* Jean zu *geben*?

Oder: Halte ich etwas fest?

Wenn ich im Herzen etwas festhielt (nämlich die Kränkung), war ich auch nicht bereit zu vergeben, und ich suchte nicht nach Möglichkeiten zu geben.

Eine andere Frage, die ich mir stellte, lautete:

Ist mein Gott größer als die Kränkung, die mir zugefügt wurde?

Es hängt ganz von meiner Entscheidung ab, ob ich Gott größer sein lasse als die Kränkung, die ich erfahren habe. Wenn ich es aber zulasse, dass die Kränkung ganz meine Gedanken beherrscht, dann wird es mir unmöglich, Gott in dieser Situation zu sehen. Oft fällt es mir schwer, mich bewusst dafür zu entscheiden, Gott größer sein zu lassen als meine Kränkung, aber letztlich ist das die richtige Entscheidung, das erlebte ich in meiner Beziehung zu Jean immer wieder.

Während unserer drei gemeinsamen Jahre reisten wir zusammen nach Texas, Louisiana, Oklahoma, Kansas, Missouri, Nebraska, Colorado und Wyoming. Wir sprachen viele hundert Male gemeinsam bei Zusammenkünften, erlebten, wie Menschen Christus als ihren Erlöser annahmen, und durften sehen, wie Menschen verändert wurden. Ich glaube, weil wir uns dafür entschieden hatten, Gott und einander zu ehren, gebrauchte er uns gemeinsam in vielerlei Hinsicht.

Jean und ich wohnten, aßen, feierten gemeinsam, taten unseren Dienst zusammen und standen viele Probleme miteinander durch. Im Lauf der Zeit wurde es uns geschenkt, dass wir kurze Augenblicke wirklicher und echter Einheit erlebten.

In den Psalmen lesen wir: »Siehe, wie gut und wie lieblich ist es, wenn Brüder einträchtig beieinander wohnen« (Psalm 133,1). Gegen Ende unseres dritten Jahres wurde es immer häufiger »gut und lieblich«. Wir fanden tatsächlich Gefallen aneinander! Gott hatte unsere Herzenshaltung, unsere Gebete, unser Reden miteinander und unsere Bereitschaft, Dinge zu klären, belohnt. Er hatte ein Wunder getan.

Es kam sogar so weit, dass wir einander vermissten, wenn wir getrennt waren, und wir empfanden Zeiten der Trennung nicht mehr als Befreiung von einem Druck.

Im Sommer unseres dritten Jahres kam Jean von einem Besuch bei ihrer Familie in Houston zurück und sagte zu mir: »Ney, erinnerst du dich, dass ich einmal von einem jungen Mann namens Doug gesprochen habe? Ich kenne ihn seit vier Jahren – und mochte ihn nie besonders.«

»Ja«, sagte ich, »du hast von ihm erzählt, ich erinnere mich.«

»Stell dir vor, als ich zu Hause war, traf ich ihn zufällig, und er lud mich zum Essen ein. Nach dem Essen fuhren wir zusammen nach Galveston und verbrachten einen wunderschönen Abend am Meer. Er hat sich sehr verändert im Vergleich zu früher. Ich habe das Zusammensein mit ihm richtig genossen – das hätte ich nie erwartet!«

Zwei Monate später rief Doug Jean von Illinois aus an und sagte ihr, er komme zu einer Konferenz nach Dallas. Sie nahmen jeden Tag gemeinsam an der Konferenz teil. Wenn keine Sitzungen waren, unterhielten sie sich, gingen zusammen einkaufen oder etwas besichtigen.

Als Doug wieder nach Hause fuhr, sagte Jean: »Ney, ich komme mir vor, als sei ein Teil von mir weg.« Dann fingen sie an, sich zu schreiben, sich anzurufen und sich gegenseitig zu besuchen. Ich war keineswegs überrascht, als sie sich im November verlobten.

Eines Abends bekam ich völlig unerwartet einen Anruf von Doug. »Ney, Jean und ich haben uns unterhalten, und es ist uns klar geworden, dass wir nicht heiraten könnten, wenn ihr beide in den drei Jahren zusammen nicht so vieles gelernt und durchgearbeitet hättet. Ich möchte dir von Herzen danken für das, was du in Jeans Leben bewirkt hast.«

Der Anruf bewegte mich sehr, und ich weinte an jenem Abend Tränen der Freude und der Dankbarkeit über alles, was Gott getan hatte. Im letzten Monat vor Jeans Hochzeit konnte ich ihren Namen nicht nennen, ohne dass mir die Tränen kamen. Wir hatten so vieles in jenen Jahren miteinander geteilt, und ich wusste, ich würde sie sehr vermissen.

Ich erkannte nun deutlich, dass die Empfindsamkeit, von der ich geglaubt hatte, Jean besäße sie nicht, immer vorhanden gewesen war. Ja, ich staunte über die Tiefe ihres Mitgefühls und ihrer Liebe. Aber all unsere gemeinsamen Erfahrungen waren nötig gewesen, um das deutlich zu machen.

Jean schrieb mir kürzlich: »Die Erfahrungen, die wir miteinander gemacht haben, waren ganz entscheidend für meine jetzige glückliche Ehe. Weil du mir ständig Liebe entgegenbrachtest, begannen die Mauern der Furcht und der Feindseligkeit nach und nach abzubröckeln. Nachdem ich gelernt hatte, mein eigenes Versagen, meine Angst und Niedergeschlagenheit zu akzeptieren, konnte ich auch mit Doug geduldig und verständnisvoll sein.«

»Freundschaften mit Männern«, schrieb sie weiter, »hätten mich nicht auf die Ehe vorbereiten können. Ich hielt mit meinen wahren Gefühlen zu sehr hinterm Berg. Ich musste mit jemandem zusammenleben, der mich mit der Wahrheit über mich selbst und über sich selbst konfrontierte.«

Durch meine Erfahrungen im Umgang mit anderen Menschen ist mir bewusst geworden, dass es zwar ziemlich einfach ist, Gott zu lieben, weil er vollkommen ist, dass es aber gar nicht so einfach ist, einander zu lieben – weil wir nicht vollkommen sind. Das muss Jesus gemeint haben, als er sagte, die Welt werde erkennen, dass er Gott ist, wenn wir Liebe untereinander haben. Es ist nicht natürlich, sondern übernatürlich für uns, einander mit jener Hingabe zu lieben, die aushält, auch wenn unsere Gefühle sagen: »Ich will da raus!« Für Jean und mich wurde das »Aushalten« zum Segen, nicht das »Davonlaufen«.

Während der Zeit, in der ich mit Jean zusammen war, lernte ich, dass man, wenn man einen Mitarbeiter, einen Mitbewohner oder einen Ehepartner ablehnt, eigentlich Gott ablehnt, weil er einen in diese Gemeinschaft hineingestellt hat. Ich lernte nicht nur, Dinge in Ordnung zu bringen, »immer einen Stein nach dem anderen«, sondern auch zu beten, wenn mir gar nicht danach zumute war, und mit dem anderen zu sprechen, wenn ich lieber geschwiegen hätte. Und ich lernte wertvolle Lektionen darüber, wie man mit Einbildungen und Kränkungen umgeht.

Wenn zwischen Jean Pietsch und mir sich all die Mauern aufgetürmt hätten, die entstehen wollten, hätten wir einander letztendlich gehasst, und Gott hätte unseren Dienst nicht so segnen können, wie er es getan hat. Obwohl wir in vieler Hinsicht krasse Gegensätze waren, erlebten wir, wie uns Gott zu einer Einheit und Harmonie zusammenbrachte. Die Liebe, Hingabe, Dankbarkeit und Zuneigung, die wir füreinander empfinden, haben bis zum heutigen Tag nicht nachgelassen.

Der Feind wird entlarvt

Als Jean und ich Jackie Hudson zum ersten Mal trafen, arbeitete sie in einem Büro in Dallas, Texas, um bei den Vorbereitungen für »Explo '72« zu helfen. »Explo '72« war ein Kongress, zu dem achtzigtausend Christen kamen, um eine Grundausbildung in Evangelisation und Jüngerschaft zu erhalten.

Jackie stand erst seit kurzem in einer vollzeitlichen christlichen Arbeit und wollte von ganzem Herzen Gott dienen und ihm nachfolgen. Sie war lebhaft und fröhlich und machte einen zufriedenen Eindruck.

Als ich sie drei Monate später wiedersah, erschien sie mir völlig verändert. Ich wollte gerade aus dem Klassenzimmer gehen, um mit einer Freundin zu Mittag zu essen, als ich ganz hinten im Raum Jackie entdeckte. Es schien, als sei sie in einer anderen Welt. Als ich auf sie zuging und sie aus der Nähe betrachtete, sah ich die dunklen Ringe unter ihren Augen und erkannte, wie blass sie war. Ich fragte mich, ob sie krank sei.

»Jackie, du siehst elend aus.« Meine Direktheit überraschte mich selbst. »Fehlt dir etwas?«

»Ja.« Ihre Lippen begannen zu zittern, und sie war kurz davor, in Tränen auszubrechen.

Ich fasste sie an der Schulter. »Hast du ein paar Minuten Zeit, dass wir miteinander reden können?«

Jackie nickte, und nun liefen ihr die Tränen übers Gesicht.

Wir gingen nach draußen, suchten uns ein Plätzchen auf dem Rasen und setzten uns. »Kannst du mir sagen, was los ist?«, fragte ich.

»Ney«, begann sie, »es klingt vielleicht seltsam, aber während ich bei ›Explo '72‹ in der ›Cotton Bowl‹ (einer Arena, in der die Abendveranstaltungen gehalten wurden) saß und auf die achtzigtausend Leute blickte, die da waren, gingen mir allerlei Gedanken durch den Kopf. Wie etwa: ›Woher weiß ich denn, dass es wirklich einen Gott gibt? Woher weiß ich denn, dass sich all diese Leute da nicht nur etwas vormachen?‹« Sie hielt inne und holte tief Luft.

»Ich schob die Gedanken weg, aber in den folgenden Tagen tauchten sie immer wieder auf. Je mehr Fragen ich mir stellte, desto größer wurden meine Zweifel. Jetzt bin ich so weit, dass ich mir mit gar nichts mehr sicher bin.«

Jackie setzte sich auf dem Rasen anders hin, sah vor sich auf den Boden und dann wieder zu mir. »Ein Teil von mir weiß, dass alles wirklich wahr ist, aber meine Zweifel bedrücken mich so sehr, dass ich meine, ich könne nicht glauben. Ich kann einfach nicht glauben.«

Ihre Stimme wurde lauter. »Meine Zweifel scheinen berechtigt, und nun bin ich mir nicht einmal mehr sicher, ob ich überhaupt Christ bin. Ich kann nicht mehr schlafen und nicht mehr essen. Ich habe schon neun Pfund abgenommen. Manchmal frage ich mich, ob Satan da seine Hand im Spiel hat. Ich kann nicht glauben, aber ich möchte es doch … ich kann nicht …« Ihre Stimme wurde von Schluchzen erstickt. »… ich möchte. Aber mir ist, als würde ich mir etwas vormachen.« Gemeinsam schlugen wir einige Bibelstellen über Glauben nach und besprachen sie. Ich fragte: »Was ist Glauben, Jackie?«

»Ich denke, nach dem, was du gesagt hast, bedeutet es ›Gott beim Wort nehmen‹. Aber, Ney, ich weiß nicht einmal, ob es wirklich einen Gott gibt; wie kann ich ihn also beim Wort nehmen?«

Nun erklärte ich Jackie, dass in ihr ein geistlicher Kampf tobte und dass Satan sie in ihrem Verständnis für biblische Wahrheiten blind gemacht hatte. Es schien angebracht, an dieser Stelle aufzuhören und zu beten. Ich betete, Gott möge sie aus der Macht Satans befreien und ihr die Gnade schenken, wieder an ihn zu glauben. Am Ende unseres Gesprächs gab ich ihr ein Päckchen mit Bibelversen und ermutigte sie, über diese Verse nachzudenken. Wir wollten in Verbindung bleiben.

Am nächsten Tag besuchte mich Jackie im Haus einer Freundin.

»Ney, seit wir gestern zusammen waren, konnte ich immer noch nicht schlafen oder essen. Ich weiß nicht, was ich tun soll.«

»Hast du eine Bibel bei dir?«, fragte ich.

»Ja.«

»Gut, dann schlag 1. Petrus auf. Ich weiß, du sagst, dass du der Bibel im Augenblick nicht glaubst, aber lass uns ein paar Minuten lang einfach so tun, als glaubtest du.«

Ich bat sie, im 5. Kapitel die Verse 6 bis 10 vorzulesen.

Sie begann: »Demütigt euch nun unter die mächtige Hand Gottes, damit er euch erhöhe zur rechten Zeit.« »Was sollst du also tun?«, fragte ich. »Mich unter die mächtige Hand Gottes demütigen.«

»Wie machst du das?«

Sie las weiter: »indem ihr alle eure Sorge auf ihn werft! Denn er ist besorgt für euch.«

»Wie viele Sorgen?«

»Alle.«

»Und warum sollst du das tun?«

Jackies Stimme klang ein ganz klein wenig hoffnungsvoll: »Weil er für mich sorgt.«

»Ja«, antwortete ich. »Er sorgt für dich. Lies jetzt die nächste Zeile.«

»Seid nüchtern, wacht! Euer Widersacher, der Teufel, geht umher wie ein brüllender Löwe und sucht, wen er verschlingen kann.«

»Also, Jackie, wie lautet Gottes Warnung an dich?« »Ich soll wachsam sein.« »Warum?«

»Weil der Teufel darauf aus ist, mich fertigzumachen.« »Wer ist der Teufel?« »Er ist mein Widersacher.« »Gut, lies den nächsten Vers.« »Dem widersteht standhaft durch den Glauben, da ihr wisst, dass dieselben Leiden sich an eurer Bruderschaft in der Welt vollziehen!« »Was befiehlt dir Gott hier, Jackie?« »Ich soll Satan widerstehen.« »Wie sollst du ihm widerstehen?« »Durch den Glauben.« »Was ist Glauben?« »Gott beim Wort nehmen.« »Und was sagt der Vers weiter?« »... da ihr wisst, dass dieselben Leiden sich an eurer Bruderschaft in der Welt vollziehen!« »Jackie, das bedeutet, dass du nicht allein dastehst. Andere Menschen machen das Gleiche durch wie du. Es ist einer von Satans Tricks, dass er dich denken lässt, du seist ganz allein.

Im nächsten Vers verspricht Gott: ›Der Gott aller Gnade aber, der euch berufen hat zu seiner ewigen Herrlichkeit in Christus, er selbst wird euch, die ihr eine kurze Zeit gelitten habt, vollkommen machen, stärken, kräftigen, gründen.‹ Was du durchmachst, dauert nicht ewig.«

Und weiter sagte ich: »Ich möchte dich bitten, diese Verse auswendig zu lernen. Und weil es in diesem ganzen Abschnitt darum geht, dass wir uns für Gottes Wahrheit anstatt für die Lügen Satans entscheiden sollen, möchte ich, dass du in deiner Bibel an den Rand schreibst:

›Entscheide dich für Glauben.‹«

Wir verabschiedeten uns und vereinbarten, uns bald wieder zu treffen. Einige Tage später trafen wir uns in einem Restaurant, und wieder sagte sie: »Ich möchte von Herzen gerne glauben, aber ich kann nicht.«

»Jackie, dir ist es zur Gewohnheit geworden, die falschen Dinge zu glauben, nun musst du dich daran gewöhnen, die richtigen Dinge zu glauben. Du denkst von dir, du hättest keinen Glauben, aber du solltest denken: ›Ich fange an, eine neue Gewohnheit zu entwickeln – nämlich aus Glauben zu leben.‹«

Als wir uns noch einige Male trafen, hatte ich den Eindruck, dass wir vorwärts kamen, aber ich war doch noch sehr besorgt um sie. Als sie ihren Dienst als Mitarbeiterin von Campus für Christus an der staatlichen Universität von Oregon antrat, war sie noch immer sehr schwach im Glauben.

In der darauf folgenden Zeit betete ich weiter für sie und hielt die Verbindung zu ihr über eine gemeinsame Freundin aufrecht.

Als ich Jackie dann ein Jahr später wiedersah, war sie erneut ein Bild sieghaften Glaubens. Sie teilte mir einiges von dem mit, was sie gelernt hatte.

»Was mich schließlich frei machte, war die Erkenntnis, dass ich in einem geistlichen Kampf stand. Ich erkannte nach und nach, dass ich eine alte Natur habe, die Gott feindlich gesinnt und für Zweifel anfällig ist. Aber ich habe auch eine neue Natur, die auf Gott reagieren kann.

Ich erkannte auch, dass die Entscheidung ganz bei mir lag. Mit meinem Willen konnte ich mich dafür entscheiden, Gott zu glauben und ihn beim Wort zu nehmen, ganz gleich, was für Gefühle ich hatte oder was meine alte Natur mir einreden wollte. Als ich mir angewöhnte, Gott zu vertrauen, schwanden meine Zweifel.«

Es ist fünf Jahre her, seit ich Jackie zum ersten Mal traf. Heute tut sie einen Dienst für Gott, wie ich ihn mir für eine junge Frau nicht positiver und fruchtbarer vorstellen kann. Der erste Satz eines Artikels, der kürzlich über sie geschrieben wurde, lautete: »Wenn Jackie Hudson ihre eigene Medienkampagne durchführen würde, hätte sie als Aufkleber an ihrem Auto: ›Glaubt an Gott, und er wird alles für euch tun.‹«

Mitten in dem geistlichen Kampf um ihr Denken und ihren Willen kam die Wende, als sie sich für das Vertrauen in Gottes Wort entschied. Sie vertraute der Verheißung Gottes, dass der Geist Gottes, der in uns ist, stärker ist als der Geist der Lüge, von dem die Welt beherrscht wird (vgl. 1. Johannes 4,4).

Ich war froh, dass sich Jackie den Rat, den sie bekam, zu Herzen genommen hatte. Hätte sie mich aber ein Jahr früher um Rat gefragt, hätte ich ihr vielleicht gar nicht helfen können. Nicht etwa, weil ich nie etwas von einem »geistlichen Kampf« gehört hatte, sondern weil ich die Macht und den Einflussbereich Satans stark unterschätzte.

C.S. Lewis schrieb in einem seiner Bücher: »Wenn Satan uns dazu bringen kann, dass wir nicht mehr an sein Vorhandensein glauben, hat er eine wichtige Schlacht gewonnen, weil sein Wirken dann unerkannt bleibt.«

Obwohl ich an die Existenz Satans glaubte, tat ich doch oft so, als rechnete ich nicht mit ihm. Es kam mir total unnötig und fast geschmacklos vor, über ihn zu reden.

Aber das änderte sich in jenem Sommer, als ich von Arrowhead Springs nach Dallas zog. Eines Tages war ich in meinem Schlafzimmer und sprach laut mit Gott. Ich bat ihn: »Lehre mich beten.« Als ich meine eigenen Worte hörte, merkte ich, wie vertraut sie klangen. Ich erinnerte mich, dass vor langer Zeit die Jünger Jesu ebenso gebetet hatten. Dann betete ich das Vaterunser, das ja die Antwort Jesu auf die Bitte der Jünger gewesen war.

Ein Satz in dem Gebet – »Und führe uns nicht in Versuchung, sondern errette uns von dem Bösen (von der Person des Bösen)« (Matthäus 6,9-13) – strahlte wie mit Leuchtschrift vor mir auf. Ich erinnerte mich an ein anderes Gebet Christi, das in Johannes 17 steht. Jesus betete zum Vater für die Gläubigen, die nach seiner Himmelfahrt auf der Erde zurückbleiben sollten.

»Ich bitte nicht, dass du sie aus der Welt wegnimmst, sondern dass du sie bewahrst vor dem Bösen!« (Johannes 17,15).

Ich dachte: »Das ist doch interessant, dass diese beiden Gebete Jesu eins gemeinsam haben: die Bitte um Errettung oder Bewahrung vor dem Bösen, dem Satan.« Von da an betete ich fast täglich, dass ich vor Satans Macht bewahrt werden möge. Ich wusste, dass mein Gebet mit dem Gebet Jesu Christi übereinstimmte, denn er trat gleichermaßen für mich im Himmel ein.

Als ich mehr und mehr von Satan und seinem Wirken verstehen lernte, bat ich Gott, mich zu lehren, was ich über geistlichen Kampf wissen musste. Er wies mich auf Epheser 6 hin.

»Schließlich: Werdet stark im Herrn und in der Macht seiner Stärke! Zieht die ganze Waffenrüstung Gottes an, damit ihr gegen die Listen des Teufels bestehen könnt! Denn unser Kampf ist nicht gegen Fleisch und Blut, sondern gegen die Gewalten, gegen die Mächte, gegen die Weltbeherrscher dieser Finsternis, gegen die geistigen Mächte der Bosheit in der Himmelswelt. Deshalb ergreift die ganze Waffenrüstung Gottes, damit ihr an dem bösen Tag widerstehen und, wenn ihr alles ausgerichtet habt, stehen bleiben könnt! So steht nun, eure Lenden umgürtet mit Wahrheit, bekleidet mit dem Brustpanzer der Gerechtigkeit und beschuht an den Füßen mit der Bereitschaft zur Verkündigung des Evangeliums des Friedens! Bei alledem ergreift den Schild des Glaubens, mit dem ihr alle feurigen Pfeile des Bösen auslöschen könnt! Nehmt auch den Helm des Heils und das Schwert des Geistes, das ist Gottes Wort!« (Epheser 6,10-17).

Dieser Abschnitt offenbart einiges über Satan, und eine der wichtigsten Informationen über ihn ist, dass er ein Betrüger ist. Wenn jemand betrügt, lässt er etwas als Wahrheit erscheinen, was keine Wahrheit ist. Gute Zauberer zum Beispiel beherrschen die Kunst der Täuschung.

Satan wird in diesem Abschnitt als listiger Täuscher bloßgestellt – verschlagen, geschickt und betrügerisch. Jesus nannte ihn den »Vater der Lüge« (vgl. Johannes 8,44). Seine Täuschungen nehmen viele Formen an, und seine Strategien sind von unendlicher Vielfalt. Manchmal greift er ganz direkt an; bei anderen Gelegenheiten geht er listig und verschlagen vor. Aber Paulus schreibt auch, dass wir mit dem Schild des Glaubens seine Angriffe abwehren können. Damit können wir all die »feurigen Pfeile« Satans auslöschen. Was sind das für »feurige Pfeile«? Und wie können wir »den Schild des Glaubens ergreifen«, um sie auszulöschen? Wie in einem Krieg der Gegner im Vorteil ist, wenn er sich tarnen kann, so ist auch Satan in unserem Leben im Vorteil, wenn seine Taktiken verborgen bleiben.

Satan rechnet den *Zweifel* zu seinen mächtigsten Waffen. Es gibt Tausende von Christen in der Welt, die – genauso, wie es bei Jackie der Fall war – in Niederlage und Hoffnungslosigkeit leben. Ihre Kämpfe sind lediglich darauf zurückzuführen, dass sie aufgehört haben, Gott zu vertrauen. Sie entscheiden sich lieber dafür, ihren Zweifeln Glauben zu schenken, als Gottes Wort zu glauben.

Die listigen Täuschungen Satans sind so alt wie die Welt, aber noch immer wirksam. Im Garten Eden näherte er sich Eva mit den Worten: »Hat Gott wirklich gesagt ...?« (1. Mose 3,1). Satans Bestreben war es, Evas Vertrauen, Zuversicht und Glauben an Gott und sein Wort zu untergraben. Er macht es heute noch genauso. Und er trägt jedes Mal den Sieg davon, wenn sein »Opfer« sich nicht dafür entscheidet, an Gott zu glauben, so wie Jackie es tat.

Eine weitere Taktik Satans ist es, in uns ein Gefühl des Verdammtseins aufkommen zu lassen. Es hat Zeiten gegeben, in denen ich mir aus heiterem Himmel plötzlich verdammt vorkam, ohne wirklichen Grund.

Satan wird in der Schrift »der Verkläger unserer Brüder« (Offenbarung 12,10) genannt. Wenn er mich mit dem Gefühl des Verdammtseins überfällt, kann ich seine Angriffe mit den machtvollen Zusagen Gottes in Römer 8 abwehren.

»Also gibt es jetzt *keine Verdammnis* für die, die in Christus Jesus sind. ... Was sollen wir nun hierzu sagen? Wenn Gott für uns ist, wer gegen uns? Er, der doch seinen eigenen Sohn nicht verschont, sondern ihn für uns alle hingegeben hat: wie wird er uns mit ihm nicht auch alles schenken? Wer wird gegen Gottes Auserwählte Anklage erheben? Gott ist es, der rechtfertigt. Wer ist, der verdamme? Christus Jesus ist es, der gestorben, ja noch mehr, der auferweckt, der auch zur Rechten Gottes ist, der sich auch für uns verwendet« (Römer 8,1.31-34; Hervorhebung von der Verfasserin).

Wenn ich diesen Abschnitt gelesen habe, bete ich: »Herr, ich fühle mich verurteilungswürdig, aber ich entscheide mich dafür zu glauben, was dein Wort sagt.

Danke, dass ich von dir nicht verurteilt werde.« Mein wirksamster Gegenangriff ist immer, wenn ich einfach bekräftige, dass ich an Gottes Wort glaube.

Den zerstörerischsten Einfluss übt Satan auf uns aus, wenn er uns das *Gefühl* gibt, *von Gott verlassen* zu sein. Manchmal gab es Zeiten, in denen ich mich sehr verloren und allein fühlte. Es schien, als kümmerte sich niemand darum, was ich durchmachte, und als hätte sogar Gott mich vergessen. Oft entstand dieses Gefühl, wenn ich mich in einer Situation befand, die eine große emotionale Belastung mit sich brachte, und war eine ganz natürliche Reaktion darauf.

Die Taktik des »Bösen« ist es dann, dieses Gefühl noch einen Schritt weiterzutreiben – bis ich wirklich anfange zu glauben, dass sich nicht nur kein Mensch um mich kümmert, sondern dass mir auch Gott seine Liebe und Fürsorge entzogen hat bis zu dem Punkt, dass er mich ganz und gar aufgegeben hat.

Solche Gefühle haben viele Menschen, die das Gleiche erlebt haben, in verzweifelte, manchmal selbstmörderische Gedanken getrieben. Wenn ich merke, dass meine Gedanken in eine solche Richtung umschwenken, halte ich mich gern an die ermutigenden Worte aus Römer 8:

»Wer wird uns scheiden von der Liebe Christi? Bedrängnis oder Angst oder Verfolgung oder Hungersnot oder Blöße oder Gefahr oder Schwert? Wie geschrieben steht: ›Um deinetwillen werden wir getötet den ganzen Tag; wie Schlachtschafe sind wir gerechnet worden.‹ Aber in diesem allen sind wir mehr als Überwinder durch den, der uns geliebt hat. Denn ich bin überzeugt, dass weder Tod noch Leben, weder Engel noch Gewalten, weder Gegenwärtiges noch Zukünftiges, noch Mächte, weder Höhe noch Tiefe, noch irgendein anderes Geschöpf uns wird scheiden können von der Liebe Gottes, die in Christus Jesus ist, unserem Herrn« (Römer 8,35-39).

Paulus sagt damit, dass uns nichts von Gottes Liebe trennen kann. Ja, Jesus hat versprochen: »Ich will dich nicht aufgeben und dich nicht verlassen« (Hebräer 13,5). Das Wort »nicht« ist zu schwach, um deutlich zu machen, wie kraftvoll diese Zusage ist. Im Original steht hier ein Wort mit einer dreifachen Verneinung, das man mit »nie-nie-niemals« übersetzen müsste. Jesus sagte also eigentlich: »Ich will dich niemals, nein, niemals, nein, niemals aufgeben oder dich verlassen.«

Ein anderer von Satans »feurigen Pfeilen«, der mit dem Gefühl, Gott könne einen verlassen haben, eng verwandt ist, ist ein *Gefühl der Wertlosigkeit*. Ich hörte einmal jemanden sagen, Säuglingen würde, solange sie noch auf dem Arm ihrer Mutter sind, beständig Liebe und Aufmerksamkeit entgegengebracht. Man sagt zu ihnen: »Mein süßer kleiner Schatz, ich hab dich lieb!« Aber wenn das Kind dann heranwächst, überdecken oft zahlreiche Erlebnisse der Ablehnung – durch die Familie und die Welt ringsum – teilweise oder ganz diese positive Grunderfahrung des Kindes. Das kann zur Folge haben, dass ein Mensch sich schließlich als Erwachsener völlig wertlos fühlt.

Ich bin überzeugt, dass Satan alles und jedes Mittel nutzt, um unser persönliches Wertgefühl zu untergraben, wann immer er kann. Er hasst uns, und wenn er uns dazu bringen kann, dass wir uns selbst auch hassen und glauben, wir seien wertlos, vor allem für Gott, dann hat er uns mit Erfolg dahin gebracht, genau das Gegenteil von dem zu glauben, was Gottes Wort uns sagt.

Manchmal greift er uns mit diesem »Minderwertigkeitsgefühl« sofort, nachdem wir gesündigt haben, an. Gott liebt uns, wie wir sind, aber er ist nicht immer einverstanden mit dem, was wir tun. Ihm geht es darum, unser *Verhalten* zu korrigieren, während Satans Taktik darauf zielt, unsere *Persönlichkeit*, unseren *Charakter*, zu zerstören.

Nehmen wir einmal an, Sie hätten gelogen. Dann kann Satan sagen: »Du Lügner! Du bist ein elender Lügner, und das weißt du auch. Du bist überhaupt nichts wert.« Gott reagiert jedoch so: »Ich liebe dich, aber du hast nicht die Wahrheit gesagt. Ich habe dich viel zu lieb, um dich das weiterhin tun zu lassen, darum will ich dein Verhalten korrigieren.«

Gott liebt uns. Wir sind »teuer und wertvoll« (vgl. Jesaja 43,4). So unbegreiflich und schwer verständlich es auch für uns sein mag, wir sind Gott wirklich ebenso viel wert wie sein Sohn. Wie eine Ware in einem Geschäft das wert ist, was dafür bezahlt wird, so sind wir das wert, was für uns bezahlt wurde. Und wenn wir Gott so viel wert sind, kann es doch nur der Widersacher sein, der uns einreden will, wir seien wertlos.

Wenn Satan mich auf diese Weise angreift, bete ich: »Herr, ich fühle mich wertlos. Aber ich danke dir, dass ich dir ebenso viel wert bin wie dein eigener Sohn, der dir teuer ist.«

Wenn Satan seine Angriffe gegen uns als Einzelne richtet, ist das nur ein kleiner Teil seines großen Feldzugs, der zum Ziel hat, das wirksame Funktionieren des ganzen Leibes Christi lahmzulegen. Und manchmal merken wir gar nicht, wie uns der »Verkläger unserer Brüder« einspannt, um für ihn zu arbeiten.

Einer seiner »feurigen Pfeile«, der sich auf die Einheit unter Christen höchst zerstörerisch auswirkt, ist die *negative Kritik*. Da Jesus für unsere Einheit betete, wissen wir: Wenn Zwietracht zwischen uns gesät wird, kann sie nicht von Gott kommen, sondern vom Bösen.

Wenn wir uns je verletzt fühlten durch Worte, die andere hinter unserem Rücken über uns gesprochen haben, wissen wir, wie sehr das wehtun kann. Dieser Schmerz kann uns aber empfindsam machen und davon abhalten, verletzende Worte über andere zu sagen. Auch als wir tief in unseren gemeinsamen Schwierigkeiten steckten, verpflichteten Jean und ich uns dazu, im Gespräch mit anderen nur gut voneinander zu reden. Es kam vor, dass wir uns wegen unserer Beziehung zueinander bei anderen Rat holten, aber nur, wenn wir uns vorher darauf geeinigt hatten, es zu tun.

In seinem Buch *Mein Äußerstes für sein Höchstes* schreibt Oswald Chambers, dass Gott uns Urteilskraft gegeben hat, damit wir beten können, nicht, damit wir die Fehler der anderen aufdecken. Weil niemand von uns vollkommen ist, ist es unvermeidlich, dass wir im Leben anderer Menschen auf Dinge stoßen, die uns nicht gefallen oder mit denen wir nicht übereinstimmen. Solche Feststellungen können richtig sein, aber wenn wir anfangen, diese Dinge negativ zu betrachten und zu verurteilen, kann das eine Glaubensniederlage bewirken und zu Kummer und Verzweiflung führen.

Wenn wir aber die Dinge, die wir am anderen nur schwer ertragen können, im Gebet vor Gott bringen, arbeiten wir mit Gott zusammen und nicht mit Satan. Wir drücken damit aus, dass wir ihm zutrauen, im Leben eines Menschen und in schwierigen Situationen das zu bewirken, was er tun will.

Dann gibt es einen Angriff des Bösen, den ich als den *»feurigen Pfeil des ›Wenn nicht‹«* bezeichne. Auch diese Technik setzte Satan bei Eva im Garten Eden ein, um sie dazu zu bringen, Gott ungehorsam zu sein und vom Baum der Erkenntnis des Guten und Bösen zu essen (vgl. 1. Mose 3,1-5).

Sinngemäß sagte er: »Eva, dieser Baum schränkt dich ein. Wenn dieser Baum nicht wäre, könntest du all das wissen, was Gott weiß.«

Bis heute benutzt Satan die Taktik, uns einzureden, wir seien eingeengt – mal von dem einen, mal von dem anderen. Er geht ganz geschickt vor und flüstert uns ein: »Dieser Mensch (Frau, Mann, Kind, Mitbewohner, Arbeitskollege, Angehöriger, Elternteil usw.) schränkt dich ein. Wenn er oder sie nicht in deinem Leben wäre, könnte alles vollkommen sein.«

Als Jean und ich zusammenwohnten, flüsterte Satan oft: »Ney, Jean engt dich ein. Wenn sie nicht wäre, könntest du sehr viel glücklicher sein, und dein Leben wäre viel schöner.« Hätte ich Satan geglaubt, dann hätte ich angefangen, nach meiner Überzeugung zu handeln, und ich hätte auf den Tag hin gelebt, an dem unsere Wohngemeinschaft zu Ende gegangen wäre.

Doch ich wusste, dass ich über Jean hinwegsehen und meine Hoffnung auf Gott und sein Wort setzen musste. Ein Freund von mir, Don Meredith, sagte einmal: »Wir müssen lernen, die Menschen um uns herum nicht als eine persönliche Einengung zu sehen.«

Im Alten Testament lesen wir, dass Josef von seinen Brüdern gehasst wurde. Sie warfen ihn in einen Brunnen und verkauften ihn in die Sklaverei. Dem äußeren Anschein nach war er in seinen Lebensmöglichkeiten erheblich eingeschränkt. Josef hätte denken können: »Wenn meine Brüder mir dies nicht angetan hätten, wäre ich frei!«

Stattdessen setzte er seine ganze Hoffnung auf Gott, der ihm alles zum Besten dienen ließ. Später konnte Josef sagen, dass seine Brüder ihm zwar Böses hatten tun wollen, »Gott aber hatte beabsichtigt, es zum Guten zu wenden« (1. Mose 50,20).

Nachdem Lazarus gestorben war, kamen seine Schwestern Maria und Marta zu Jesus gelaufen. Maria sagte: »Herr, wenn du hier gewesen wärest, so wäre mein Bruder nicht gestorben« (Johannes 11,32).

Jesus spricht zu ihr: »Habe ich dir nicht gesagt, wenn du glaubtest, so würdest du die Herrlichkeit Gottes sehen?« (Johannes 11,40).

Jesus setzte ihrem »Wenn« sein »Wenn« entgegen. Er antwortete: »Habe ich dir nicht gesagt, *wenn du glaubtest, so würdest du die Herrlichkeit Gottes sehen?*« (Johannes 11,40; Hervorhebung von der Verfasserin). Wenig später wurde Lazarus von den Toten auferweckt.

Wir müssen jedes »Wenn nicht« in unserem Leben Gott anvertrauen, ebenso all die Menschen und Lebensumstände, durch die wir uns eingeschränkt fühlen, weil er aus allem »Herrlichkeit Gottes« machen kann.

Zweifel, negative Kritik, das Gefühl der Wertlosigkeit, das »Wenn nicht«, das Gefühl des Verdammtseins – sie sind nur eine Auswahl aus den zahllosen finsteren, hinterhältigen Anschlägen des Bösen. Satan geht in der Tat umher »wie ein brüllender Löwe«. Er will uns alle verschlingen, und oft tut er es, indem er immer wieder einen »feurigen Pfeil« auf uns abschießt. Wer nicht den Schild des Glaubens nimmt und gegen ihn hochhält, wird von der geballten Ladung seiner Angriffe schnell außer Gefecht gesetzt.

So war es auch bei einem jungen Mädchen, das ich vor einigen Jahren traf. Ich war an die Ostküste der USA geflogen, um dort mit einigen Mitarbeiterinnen unserer Bewegung zusammen zu sein. Barbie Leyden, die mich am Flughafen abholte, kam mir mit den Worten entgegen: »Ney, ich mache mir wegen Marti große Sorgen. Sie hat sich sehr verändert. Sie ist total niedergeschlagen und scheint vom Leben nichts mehr zu erwarten. Könntest du dir für sie etwas Zeit nehmen?«

Gleich bei der ersten Begegnung mit ihr merkte ich, dass ihr Wille vollkommen passiv geworden war und dass sie Gott überhaupt nicht mehr glaubte. Sie erzählte mir, dass sich ein junger Mann in sie verliebt hätte, und sie sei ihm auch von ganzem Herzen zugetan gewesen. Als sie die Frage, ob sie heiraten sollten, vor Gott brachte, meinte sie, er hätte ihr durch bestimmte Bibelstellen bestätigt, dass sie heiraten würden. Sie hatte sich auf diese Bibelverse berufen und ihre Hoffnung, dass sie zusammenkommen würden, darauf gegründet.

Als sich ihre Beziehung nicht so entwickelte, wie sie gehofft hatte, verlor sie allen Glauben und alles Vertrauen in Gott und gab auf. Sie wollte nichts mehr davon hören. Sie weigerte sich, sich auch nur irgendetwas von dem zu Herzen zu nehmen, was ich sagte, und im Verlauf unseres Gesprächs fing sie an, sich zu winden wie ein Aal und machte Bemerkungen, die überhaupt nicht zum Thema gehörten.

Als unser Gespräch zu Ende war, wusste ich, dass das, was ich gesagt hatte, überhaupt nicht zu ihr durchgedrungen war. Schwer bedrückt begann ich, intensiv für unser nächstes Zusammensein zu beten. Mir kamen die Worte aus 2. Timotheus in den Sinn: »Ein Knecht des Herrn aber soll … gegen alle milde sein, lehrfähig, duldsam, und die Widersacher in Sanftmut zurechtweisen und hoffen, ob ihnen Gott nicht etwa Buße gebe zur Erkenntnis der Wahrheit und sie wieder aus dem Fallstrick des Teufels heraus nüchtern werden, nachdem sie von ihm gefangen worden sind für seinen Willen« (2. Timotheus 2,24-26). Diese Verse schienen mir etwas zu dieser Situation zu sagen.

Ich betete: »Vater, ich bitte dich, dass du Marti Buße

schenkst, dass du sie zur Erkenntnis der Wahrheit führst, und ich bitte dich, dass sie zur Vernunft kommt und den Schlingen des Teufels entgeht, der sie gefangen hält, damit sie seinen Willen tut. Vater, schenke doch, dass sie ihren Willen wieder dir überlässt, dann wird es für sie neues Licht und neue Hoffnung geben.«

Am nächsten Tag trafen wir uns wieder. Ich sagte ihr, ich hätte über sie nachgedacht, seit wir das letzte Mal miteinander gesprochen hatten.

»Als du gebetet hast, dass du den jungen Mann heiraten wolltest«, sagte ich, »und als du Bibelstellen gefunden hast, die dich darin bestätigten, und es dann doch nichts wurde, hast du dein Vertrauen zu Gott und zu seinem Wort verloren, nicht wahr?«

»Das stimmt«, gab sie zu. »Ich glaube, Gott hat mich im Stich gelassen.«

»Du weißt, Marti, dass es nirgends in der Bibel einen Vers gibt, der sagt: ›Der und der wird mein Mann.‹ Gott hat dich nicht im Stich gelassen. Du wolltest, dass die Bibel das sagt, und du hast es aus einigen Versen herausgelesen, stimmt's?«

Sie gab es zu.

»Du solltest nicht an Gott und seinem Wort zweifeln, sondern an manchen Dingen, die du aus seinem Wort herausliest, die aber gar nicht drinstehen.« Sie meinte, daran habe sie bisher noch nicht gedacht.

Dann sagte ich ihr, wie gefährlich es sei, wenn unser Wille passiv wird. »Marti, ich möchte dich sagen hören: ›Ich will aus dieser Sache heraus.‹« Aber wieder schien sie mir zu entgleiten, als sie anfing, unklar und ausweichend zu sprechen.

Ich las mit ihr den Abschnitt aus 2. Timotheus, an den Gott mich erinnert hatte. Während ich die Verse las, schien sie mir zum ersten Mal richtig zuzuhören und ein klein wenig zu erfassen, wie wichtig das war, was da mit ihr vor sich ging.

»Ich dachte, Gott würde alles tun, um mich aus diesem Zustand herauszuholen, aber nun sehe ich, dass mein Wille aktiv werden muss. Ich dachte, Gott sei dafür verantwortlich, mich aus meinen negativen Gedanken und Depressionen herauszuholen, aber ich habe nicht gewusst, dass ich auch etwas dazu beitragen muss.« Ich sagte ihr, sie müsse ihr »Senfkorn« an Glauben (Matthäus 17,20) dazu beitragen und sich dafür entscheiden, auf Gottes Wort zu vertrauen. Da alle ihre Gedanken sich in eine ganz hoffnungslose Richtung bewegten und stets damit endeten, dass sie Gott in Frage stellte, schlug ich vor, sie sollte anfangen, ein Tagebuch zu führen. Ich ermunterte sie dazu, alle ihre negativen, zweifelnden Gedanken in diesem Tagebuch zu Papier zu bringen und dann im Anschluss an ihre Gedankengänge etwas aus Gottes Wort aufzuschreiben, das direkt etwas zu den Gefühlen zu sagen hatte, die sie vorher geäußert hatte. Wenn ihre Gedanken sie zum Beispiel zu der Annahme verleiteten, Gott habe sie verlassen, sollte sie ihre Tagebuchseite mit den Worten Jesu beschließen: »Ich will dich nicht aufgeben und dich nicht verlassen« (Hebräer 13,5).

Ich sagte ihr, ich wüsste, dass sie im tiefsten Grunde ihres Herzens gern herauskäme aus ihrer Verzweiflung, dass sie aber ihren Willen üben müsste. Dann schlug ich vor, zusammen zu beten.

»Ich habe so oft gebetet, aber es bringt nichts«, sagte sie.

»Aber ich möchte mich gern an deine Seite stellen«, gab ich zurück, »und ich möchte deine Last mittragen, indem ich mit dir bete. Du denkst von dir, du hast keinen Glauben und kannst nicht vertrauen. Ich möchte, dass du jetzt denkst: ›Ich nehme eine neue Gewohnheit an, ich nehme Gott beim Wort.‹ Lass dir Zeit, diese neue Gewohnheit zu entwickeln. Ich verspreche dir, dass ich in den nächsten zwei Monaten jeden Tag für dich beten werde.«

Dann beteten wir zusammen. Sie sagte Gott, dass sie ihren Willen ganz dem Unglauben überlassen hatte und dass sie ihm nun ihren Willen zurückgeben wollte, um ihm und seinem Wort zu vertrauen. Ich betete für sie und ermutigte sie, auch noch andere zu fragen, ob sie für sie beten würden, denn bis jetzt hatte sie mit niemandem über das gesprochen, was sie durchmachte.

Am Abend jenes Tages schrieb ich in mein Tagebuch: »Ich glaube, dies kann ein Wendepunkt in Martis Leben werden. Ich bete, dass es einer wird.«

Zwei Tage später rief ich sie an. Sie hatte gerade über drei Stunden in der Bibel gelesen, und sie erkannte nach und nach, wie sie sich in vieler Hinsicht hatte täuschen lassen. »Zum Beispiel hatte ich geglaubt, dass es mit meinem Leben bergab ginge«, sagte sie, »aber in 2. Korinther 3,18 steht, dass wir ›verwandelt werden in dasselbe Bild von Herrlichkeit zu Herrlichkeit, wie es vom Herrn, dem Geist, geschieht‹. Vor allem aber sehe ich nun, welche Rolle mein Wille dabei spielt, Gott die Möglichkeit zu geben, mich zu verändern.«

Marti schien dankbar für meinen Anruf, und ich freute mich, denn ich merkte, wie sie dabei war, es sich zur Gewohnheit zu machen, Gott zu vertrauen.

Seit unserer Begegnung sind nun vier Jahre vergangen, und Marti hat nicht nur völlig aus ihrer Verzweiflung herausgefunden, sondern sie hat auch in den letzten beiden Jahren im Ausland einen fruchtbaren Dienst für Gott getan.

Marti hatte entdeckt, wie lebenswichtig es ist, dass wir unseren Willen im aktiven Gehorsam gegenüber der Wahrheit der Schrift üben, denn Satan schießt immer wieder feurige Pfeile auf uns ab, um unseren Glauben zu untergraben. Er kommt immer wieder in unterschiedlichster Gestalt und sät Zweifel und Unglauben in unser Herz und unsere Sinne, wo er nur kann.

Aber wir dürfen nicht vergessen, dass er ein überwundener Feind ist. Christus hat Satan am Kreuz besiegt, und wenn wir daran denken, dass wir *in Christus* sind, können wir vom Sieg her kämpfen.

Der Apostel Paulus wusste um unsere Siegesposition. Er schrieb:

»Er erleuchte die Augen eures Herzens, damit ihr wisst, was die Hoffnung seiner Berufung, was der Reichtum der Herrlichkeit seines Erbes in den Heiligen und was die überragende Größe seiner Kraft an uns, den Glaubenden, ist, nach der Wirksamkeit der Macht seiner Stärke. Die hat er in Christus wirksam werden lassen, indem er ihn aus den Toten auferweckt und zu seiner Rechten in der Himmelswelt gesetzt hat, hoch über jede Gewalt und Macht und Kraft und Herrschaft und jeden Namen, der nicht nur in diesem Zeitalter, sondern auch in dem zukünftigen genannt werden wird. Und alles hat er seinen Füßen unterworfen und ihn als Haupt über alles der Gemeinde gegeben, die sein Leib ist, die Fülle dessen, der alles in allen erfüllt« (Epheser 1,18-23).

Auf unserem Weg durch das Leben und in den vielen Glaubenskämpfen, die es zu bestehen gilt, sollten wir uns auf unsere rechtmäßige Stellung in Christus berufen. Vor allem aber müssen wir den Schild des Glaubens ergreifen, mit dem wir *alle* feurigen Pfeile des Bösen auslöschen können.

»Fünfundsiebzig Prozent« des Lebens

Es gibt Zeiten im Leben, in denen wir sehr entmutigt sind, weil wir so viele Prüfungen und Kämpfe zu bestehen haben. Don Meredith, einer meiner Freunde und Gründer der Organisation »Christliches Familienleben«, eines christlichen Seelsorgedienstes in den USA, hat hinsichtlich solcher Zeiten eine interessante Theorie.

Kürzlich schüttete ihm seine Sekretärin, Carol Wierman, ihr Herz aus und brachte all die Probleme und Schwierigkeiten, denen sie sich ausgesetzt sah, zur Sprache. Als sie fertig war, meinte Don: »Carol, was Sie mir da sagen, ist nicht ungewöhnlich. Fünfundsiebzig Prozent unseres Lebens bestehen aus Kämpfen, Sorgen, Enttäuschungen und Prüfungen. Mit diesen fünfundsiebzig Prozent sind wir immer konfrontiert. Sie müssen nur eines tun: Sie müssen dafür sorgen, dass diese fünfundsiebzig Prozent Ihres Lebens nicht von Unglauben gekennzeichnet sind, sondern von Glauben, vom Vertrauen auf Gott und vom Hoffen auf ihn.«

Dann fügte er fast schelmisch hinzu: »Während der restlichen fünfundzwanzig Prozent vertrauen Sie Gott und genießen Sie das Leben!«

Als Carol mir von diesem Gespräch erzählte, dachte ich, welch große Weisheit Dons Rat doch enthielt. Jesus selbst sagte, wir müssten in dieser Welt mit Schwierigkeiten rechnen. Wir lassen uns aber oft dazu verleiten zu glauben, dass wir keine Probleme haben dürften und dass hinter der nächsten Ecke das Glück wartet.

Oft beherrscht eine »Wenn-dann«-Vorstellung unser Denken. »Wenn ich erst aus der Schule bin, *dann* wird alles gut.«

»Wenn ich verheiratet bin, *dann* werde ich glücklich sein.«

»Wenn ich diese Schwierigkeit hinter mich bringe, *dann* ist alles in Ordnung.« Und so geht es weiter. Aber meistens kommt alles ganz anders.

Wie Don sagte, ist es nichts Ungewöhnliches für uns, wenn wir Schwierigkeiten und Kummer zu bestehen haben. Wir empfinden den Schmerz, aber wir wissen oft nicht, wie wir unsere Erfahrung von einem objektiven Standpunkt aus betrachten sollen. Es ist verständlich, dass wir zu persönlichen Schwierigkeiten oft nicht den nötigen Abstand haben können, dass wir es nicht schaffen, einen Schritt zurückzutreten und von dem neuen Standpunkt aus zu bewerten, was da vor sich geht. Die Folge davon ist, dass wir überhaupt keinen Nutzen aus der Erfahrung ziehen.

Ich habe erkannt, dass es ein ganz realer Bestandteil des täglichen Glaubenslebens ist zu lernen, die Lebenserfahrung zu »objektivieren«. Ich habe eine einfache Tabelle entworfen, mit deren Hilfe ich mir über meine persönlichen »fünfundsiebzig Prozent« klar werde.

Wenn ich eine bestimmte Situation durchdenken will, nehme ich mir zuerst einmal ein Blatt Papier und teile es in vier Abschnitte ein.

In den ersten Abschnitt schreibe ich *alles Gute und Positive,* das ich zu dieser Situation sagen kann. Wenn mein Problem zum Beispiel mit einem bestimmten Menschen zusammenhängt, schreibe ich alles auf, was ich an diesem Menschen schätze.

In den zweiten Abschnitt schreibe ich *alle negativen Dinge,* die mir zu der Angelegenheit einfallen; ich führe alles auf, was mir *nicht gefällt*. Meistens sind das Dinge, mit denen ich mich nur schwer einverstanden erklären kann.

Jemand hat einmal gesagt, schwierige Verhältnisse und Menschen würden in unserem Herzen die negativen Reaktionen nicht hervorbringen, sondern nur enthüllen, was dort schon vorher vorhanden war. Der Ausspruch: »Er bringt meine schlimmsten Seiten ans Licht«, ist gar nicht so verkehrt; »er« lässt diese »schlimmsten Seiten« in uns nicht erst entstehen, sondern er bringt sie ans Licht! Oft bin ich mir dieser »schlimmen Seiten« in meinem Herzen gar nicht bewusst, bis dann etwas in meinem Leben geschieht, durch das sie offenbar werden.

In Abschnitt drei schreibe ich *meine Reaktionen* auf die Dinge, die ich in Abschnitt zwei erwähnt habe. Ich habe festgestellt, dass es äußerst wichtig ist, in Bezug auf meine inneren Reaktionen und äußeren Verhaltensweisen sehr ehrlich zu sein. In diesem Abschnitt tauchen dann immer wieder verschiedene Verhaltensmuster auf wie Hass, Empfindlichkeit, Mangel an Vergebungsbereitschaft oder Ungeduld.

Mein nächster Schritt ist dann, dass ich Gott all das bekenne, was ich in diesem Abschnitt aufgeschrieben habe. Oft kommen da Haltungen zutage, die das genaue Gegenteil zur Frucht des Geistes – Liebe, Freude, Friede, Langmut, Freundlichkeit, Güte, Treue, Sanftmut, Enthaltsamkeit (Galater 5,22-23) – sind. Dann sage ich: »Herr, ich stimme dir zu, dass ich im Unrecht bin und du im Recht bist.«

In Abschnitt vier schreibe ich, *was Gott mich offenbar* durch diese Situation *lehren will.* Zum Beispiel, wenn ich Hass in meinem Herzen entdecke, wird Gott mich lehren wollen zu lieben. Wenn ich Ungeduld vorfinde, möchte er mich wahrscheinlich Geduld lehren.

Dann nehme ich mir eine biblische Handkonkordanz oder ein gutes Begriffslexikon zur Bibel her und suche Bibelverse heraus, die in meine Situation hineinsprechen.

Hier ein Muster der Tabelle:

Was mir an … gefällt

Was mir an … nicht gefällt

Meine Empfindungen und Reaktionen

Was Gott mich lehren möchte oder Bibelstellen zu meinem Problem

Wenn ich alle meine Gedanken und Gefühle zu Papier gebracht habe, danke ich Gott noch einmal für alles, was ich in Abschnitt zwei und drei aufgeschrieben habe. Ich tue das, weil ich weiß, dass er mir auch diese Dinge in meinem Leben zum Besten dienen lässt.

Obwohl ich an meinen Reaktionen, die ich in den dritten Abschnitt eintrage, immer wieder erkenne, wie weit ich noch hinter den biblischen Forderungen zurückbleibe, habe ich doch gelernt, nicht über mich selbst entmutigt zu sein oder über mich zu Gericht zu sitzen. Auch wenn mich die Sünde betrübt, die sich in meinem Herzen findet, verdamme ich mich nicht, weil auch Gott mich nicht verdammt.

Im Gegenteil: Ich bin frei geworden, meine Sündhaftigkeit einzugestehen, weil ich weiß: Wenn ich Gott gegenüber ehrlich bin in Bezug auf das, was in meinem Herzen ist, habe ich schon den ersten Schritt zu meiner Sinnesänderung getan.

Dazu hat mich das Büchlein *The Practice of the Presence of God* (»Praxis der Gegenwart Gottes«) von Bruder Lawrence, einem Christen aus dem 17. Jahrhundert, ermutigt.

Bruder Lawrence hatte sehr engen Umgang mit Gott. Wenn er sündigte, hob er seine Hände zum Himmel empor und sagte zu Gott: »Ich werde mich nie ändern, wenn du mich mir selbst überlässt.«[1] Er vertraute ganz

1 Brother Lawrence, *The Practice of the Presence of God*, Fleming H. Revell Co., Old Tappan, New Jersey, 1958, S. 16

und gar auf Gott, weil er erkannte, dass er Gottes Kraft brauchte, um ein christliches Leben führen zu können.

Ich habe diese Worte von Bruder Lawrence Gott oft vorgetragen und zusätzlich gebetet: »Vater, tu du für mich durch deinen Heiligen Geist, was ich für mich selbst nicht tun kann.«

Die Bibel war für mich lange Zeit wie ein Gesetz oder eine Drohung, die über meinem Haupt schwebte und mich verdammte, weil ich den Maßstäben nicht genügte. Ich weiß heute, dass Gottes Wort keine Drohung ist, sondern die Verheißung all dessen, was er durch seinen Geist in meinem Leben tun will.

Oft habe ich Menschen zu mir sagen hören: »Ney, ich habe eine bestimmte Sünde immer und immer wieder bekannt, aber ich habe in dem Bereich keine Fortschritte gemacht.« Dann nennen sie meist eine bestimmte Handlung oder Haltung, wie sie in Abschnitt drei unserer Tabelle aufgeführt sein könnte.

In der Regel frage ich dann: »Erneuerst du auch deinen Geist mit einer Bibelstelle, die etwas zu dem zu sagen hat, was du bekannt hast?« Sehr häufig sagen mir die Gesprächspartner dann, sie hätten noch nie daran gedacht, das zu tun. Mit anderen Worten: Sie haben Gott vielleicht ihre »Ungeduld« bekannt, aber sie sind nicht weitergegangen und haben nicht über einen Bibelabschnitt, in dem es um Geduld geht, nachgedacht, um sich in diesem Punkt Gottes Perspektive zu eigen zu machen.

Da Gott uns bestimmte Sünden in unserem Leben klar werden lässt, wie etwa die Ungeduld, müssen wir ihm diese Sünden auch jeweils gesondert bekennen. Dann müssen wir unsere Gedanken mit einem Abschnitt aus Gottes Wort füllen, der speziell etwas zu der Sünde zu sagen hat, die wir Gott bekannt haben. Der Heilige Geist kann durch diesen Schriftabschnitt in uns wirken und anfangen, unser Denken so zu erneuern, wie es Gott gefällt.

Einer der Vorteile der Tabelle ist, dass wir, obwohl wir uns in Abschnitt zwei auf das konzentrieren, was uns an einem Menschen oder einer Situation nicht gefällt, in Abschnitt vier damit abschließen, dass wir selbst die Verantwortung für unser Verhalten übernehmen und einen Bibelabschnitt finden, der uns unsere Not bewältigen hilft. Die Person oder die Situation, die anfangs wie ein Mühlstein an unserem Hals zu hängen schien, wird nun zu einem Segen, den Gott gibt, um uns mehr über sein Wesen zu lehren.

Eine solche Situation erlebte ich im Januar 1977.

Es fing damit an, dass Robert Pittenger, ein enger Mitarbeiter von Bill Bright, zu uns zum Essen kam und mich mit den Worten begrüßte: »Ney, ich habe mir überlegt, dass es gut wäre, wenn du zur Amtseinführung des Präsidenten nach Washington fahren würdest. Carol Lawrence (eine bekannte Sängerin und Schauspielerin) ist von Jimmy Carter gebeten worden zu singen, und da wir dort als ihre Gastgeber fungieren, wäre es schön, wenn du hinfahren könntest, um dich um sie zu kümmern. Ich werde Dr. Bright ein Telex nach Afrika schicken und ihn fragen, was er dazu meint.«

Die Sache klang fantastisch, war aber doch ein wenig weit hergeholt für mich.

»Es ist wirklich lieb von dir, dass du mich da hinschicken willst, Robert, aber ich weiß nicht … Gott hätte schon eine Menge zu tun, wenn alle Einzelheiten in so kurzer Zeit zusammenpassen sollten. In ein paar Tagen werde ich verreisen, also gehe ich einfach davon aus, dass ich nicht nach Washington fahre, es sei denn, ich höre von dir.«

Zwei Tage später flog ich nach Seattle, um auf einer Mitarbeiterkonferenz von Campus für Christus zu sprechen, dann nach Little Rock, Arkansas, zu einer weiteren Konferenz. Ich kam am Spätnachmittag in Little Rock an und meldete mich zunächst in meinem Hotel. An der Rezeption lag eine Mitteilung für mich, dass ich Dr. Brights Büro in Arrowhead Springs anrufen sollte.

Ich wählte die Nummer, und Jim Pratt, ebenfalls ein enger Mitarbeiter von Bill Bright, war am Apparat. »Ney, Dr. Bright möchte unbedingt, dass du zur Amtseinführung des Präsidenten fährst.«

»Tatsächlich, Jim?«

»Ja, alles ist geregelt. Du wirst dort erwartet.«

Ich legte den Hörer auf und war wie benommen. Laut sagte ich zu mir: »Ist das wirklich wahr? Herr, was soll ich dann anziehen?« Ich hatte nichts, was für ein so feierliches Ereignis passend gewesen wäre, und ich hatte auch nicht genug Geld, um mir etwas zu kaufen.

Als ich auf der Konferenz an jenem Abend die einleitenden Worte sprach, gab ich meine Neuigkeit weiter. Denn normalerweise war ich bei einer Konferenz während der ganzen Zeit anwesend, dieses Mal aber musste ich früher weg, zurück nach Dallas und dann weiter zur Amtseinführung des Präsidenten. Die Konferenzteilnehmer freuten sich riesig für mich.

Als ich an jenem Abend nach der Versammlung wieder in mein Hotelzimmer kam, überfielen mich sorgenvolle Gedanken darüber, was ich in Washington anziehen sollte. Als ich im Bett war, setzte ich mich aufrecht hin, schob mir die Kissen in den Rücken und nahm meine Bibel zur Hand. Ich war schon so sehr daran gewöhnt, meine Tabelle zu verwenden, dass ich mich gleich daranmachte. In Gedanken ging ich die Schritte durch und analysierte die Situation mit aller Sorgfalt.

Mir gefiel der Gedanke, nach Washington zu gehen. *Mir gefiel nicht,* dass ich nicht die richtige Kleidung hatte und auch kein Geld, sie mir zu kaufen. Meine *Reaktion* war, dass ich mir Sorgen machte. Es war mir nicht bewusst gewesen, in welchem Ausmaß Sorgen und Unglauben in meinem Herzen schlummerten, bis sie durch diese Situation enthüllt wurden. Ich bekannte Gott meine Befürchtungen, und es wurde mir klar, dass Gott mich Glauben *lehren* wollte.

Dann fiel mir die Stelle aus der Bergpredigt ein, wo Jesus über die Sorgen wegen Nahrung und Kleidung spricht. Ich schlug sie schnell auf und begann zu lesen:

»Deshalb sage ich euch: Seid nicht besorgt für euer Leben, was ihr essen und was ihr trinken sollt, noch für euren Leib, was ihr anziehen sollt! Ist nicht das Leben mehr als die Speise und der Leib mehr als die Kleidung? ... Und warum seid ihr um Kleidung besorgt? Betrachtet die Lilien des Feldes, wie sie wachsen: sie mühen sich nicht, auch spinnen sie nicht. Ich sage euch aber, dass selbst nicht Salomo in all seiner Herrlichkeit bekleidet war wie eine von diesen. Wenn aber Gott das Gras des Feldes, das heute steht und morgen in den Ofen geworfen wird, so kleidet, wird er das nicht viel mehr euch tun, ihr Kleingläubigen?« (Matthäus 6,25.28-30).

»Herr, ich bekenne, dass ich mir Sorgen darüber mache, was ich anziehen soll. Aber du sagst hier, dass du die Lilien und das Gras kleidest und dass du mich *nicht vergessen* willst. Ich bekenne meinen Kleinglauben! Ich möchte dir glauben!«

»So seid nun nicht besorgt, indem ihr sagt: Was sollen wir essen? Oder: Was sollen wir trinken? Oder: Was sollen wir anziehen? Denn nach diesem allen trachten die Nationen; denn euer himmlischer Vater weiß, dass ihr dies alles benötigt. Trachtet aber zuerst nach dem Reich Gottes und nach seiner Gerechtigkeit! Und dies alles wird euch hinzugefügt werden« (Matthäus 6,31-33).

»Herr, nach meinem besten Wissen sorge ich mich vor allem um deine neue Welt und lebe nach deinem Willen. Aber ich bin so froh, dass du meine Bedürfnisse kennst und für mich sorgen willst. Du wirst mich mit allem anderen versorgen. Ich glaube, dass dein Wort wahrer ist, als ich es im Augenblick empfinde, und ich bitte um deine Versorgung – und ich danke dir für die Art und Weise, auf der du für mich sorgen wirst.«

Ich machte das Licht aus und kuschelte mich unter die Decke. Kurz vor dem Einschlafen sang ich Teile aus einem Lied vor mich hin: »Suchet, so werdet ihr finden, klopfet an, so wird euch aufgetan ...« Mir fiel dabei ein, dass ich anfangen könnte, »zu suchen« und »anzuklopfen«, wenn ich nach Kleidung fragte, die ich mir vielleicht leihen konnte.

Am nächsten Morgen merkte ich, dass ich noch über eine kleine Summe einen Scheck einlösen musste, um meine Heimreise bezahlen zu können. Meine Freundin Carol Wierman war Kassenwart auf der Konferenz und bot mir an, den Scheck für mich einzulösen.

Als ich gerade hinten in einem Raum saß, um einem Vortrag zuzuhören, brachte sie mir das Geld. Sie hockte sich neben meinen Stuhl hin, gab mir außer meinem Geld noch zwei Zehndollarscheine und flüsterte mir zu: »Hier, Ney, für irgendwas, was du für deine Reise brauchen kannst.«

Ich gab ihr die zwei Scheine zurück und protestierte: »Carol, das ist sehr lieb von dir, aber ich kann es nicht annehmen!«

Sofort drückte sie mir das Geld wieder in die Hand. »Ney, ich möchte, dass du es annimmst. Ich glaube, Gott will, dass ich es dir gebe.« Carol ging weg, und ich saß da, mit einem Kloß im Hals und zwei Zehn-Dollar-Scheinen im Schoß.

Am gleichen Tag gab mir Ann Parkinson, eine andere Freundin, die an der Konferenz teilnahm, ein Briefchen. Mir blieb der Mund offen stehen, als beim Auffalten des Blattes dreißig Dollar herausfielen.

Ich hatte den Brief noch in der Hand, als Don Meredith, der Konferenzredner, auf mich zukam und sagte: »Na, hast du schon deine Einkäufe gemacht für die Amtseinführung des Präsidenten?«

»Nein, Don, ich wollte mir eigentlich nichts kaufen. Ich dachte, ich könnte mir etwas leihen.«

Er war schockiert. »Ich will nicht, dass du dir etwas leihst. Du sollst dich für diesen Anlass ganz neu einkleiden. Darf dir die Organisation ›Christliches Familienleben‹ 150 Dollar schenken?« Ehe ich noch antworten konnte, hatte er sein Scheckbuch herausgezogen und stellte mir über diese Summe einen Scheck aus. Ich war sprachlos!

Spät am Abend saß ich in meinem Hotelzimmer, hatte den Kopf in die Hände gestützt und blickte auf die drei Zehn-Dollar-Scheine, den Zwanzig-Dollar-Schein und den Scheck über 150 Dollar, die vor mir lagen. Ich lobte Gott angesichts dieses Geldes, das er mir als direkte Antwort auf meine Bedürfnisse geschenkt hatte, keine vierundzwanzig Stunden nach meinem Gebet. Ich war ganz überwältigt vor Freude.

Sofort rief ich eine Freundin an, um ihr mitzuteilen, was Gott für mich getan hatte, damit sie sich mit mir freuen konnte. Nachdem ich alles erzählt hatte, sagte sie: »Ich möchte zu dem, was Gott dir gegeben hat, noch fünfundzwanzig Dollar dazugeben.«

Und es sollte noch mehr werden.

Ich verließ Little Rock am Sonntag und wollte in Dallas Station machen. Meine Mitbewohnerin Mary Graham und ich waren für den Abend zur Einweihungsfeier einer Gemeinde eingeladen.

Ich traf mich mit Mary am Flugplatz. Als wir bei der Gemeinde ankamen, entdeckte uns eine meiner Freundinnen, Ann West, und kam auf uns zugestürzt.

»Ney, was machst du denn in Dallas?«

»Annie, du wirst es nicht glauben, aber ich bin auf dem Weg zur Amtseinführung des Präsidenten.«

»Tatsächlich? Das ist ja großartig. Was ziehst du denn an?«

»Wie komisch, dass du danach fragst. Ich will mir morgen was kaufen. Und Ann Parkinson hat mir vorgeschlagen, ich sollte eine ihrer Freundinnen anrufen und mir von ihr ein paar lange Kleider leihen.«

»Das brauchst du nicht! Ich habe einige Sachen, die kannst du bestimmt tragen. Komm doch heute Abend mit zu mir.«

Um Mitternacht war ich damit beschäftigt, Anns Schrank durchzusehen und schwarze Samtröcke und zauberhafte Abendkleider anzuprobieren. Als Mary und ich etwas später Anns Wohnung verließen, hatte ich zwei elegante Roben, die für jede Abendveranstaltung in Washington geeignet waren.

Am nächsten Tag kaufte ich von dem Geld, das ich während der Konferenz in Little Rock erhalten hatte, eine wunderschöne fünfteilige Kombination mit Rock und Hose in einem exklusiven Konfektionshaus in Dallas.

Die Dame, die mir die Hose absteckte, staunte, als ich sagte: »Wissen Sie, das ist das Teuerste, was ich mir je an Kleidung gekauft habe.«

»Is ja wohl nich möglich«, meinte sie stark dialektgefärbt und sah verwundert auf.

»Doch, wirklich!«

»Ja, und, wie kommt's?«, fragte sie. »Wohin soll's denn gehen?«

»Wollen Sie das wirklich genau wissen?« »Klar, sagen Sie schon!«

Ich erzählte ihr von meiner Einladung, dass ich erst nichts anzuziehen hatte und wie Gott dann so wunderbar für mich gesorgt hatte. Mit Ehrfurcht in der Stimme sagte sie: »Seit sieben Jahren bin ich hier Abteilungsleiterin; ich hab das noch nie getan, und ich tu's auch nie wieder, aber weil Sie mir diese Geschichte erzählt haben, mach ich die Änderung umsonst.« Und sie machte die Änderung nicht nur umsonst, sie machte sie auch innerhalb von zwei Stunden, obwohl man normalerweise einige Tage darauf warten muss.

Als ich an jenem Abend für Washington packte, betrachtete ich meine Kleidung: zwei wunderschöne lange Kleider, die neue Kombination, eine neue Handtasche, neue Schuhe und neuer Modeschmuck. Gott hatte überreichlich geschenkt, »mehr, als wir erbitten oder erdenken« können (Epheser 3,20).

Am nächsten Morgen brachte mich Mary zum Flughafen von Dallas. Als ich auf den Aufruf für meine Maschine wartete, war ich ein wenig besorgt wegen der neuen und ganz anderen Situation, mit der ich in den nächsten Tagen konfrontiert sein würde. Ich holte meine Bibel heraus und schlug Matthäus 6 auf. Der letzte Vers des Kapitels sprach mich besonders an:

»So seid nun nicht besorgt um den morgigen Tag! Denn der morgige Tag wird für sich selbst sorgen. Jeder Tag hat an seinem Übel genug« (Matthäus 6,34).

Ich betete still für mich: »Herr, ich danke dir noch einmal dafür, dass du so wunderbar für mich gesorgt hast. Danke für diese Gelegenheit, nach Washington zu gehen. Jetzt will ich mich dafür entscheiden zu glauben, dass der morgige Tag für sich selber sorgen wird ..., dass du für mich sorgen wirst ..., ich weiß noch nicht, was morgen sein wird, aber ich danke dir, dass deine Gnade genügen wird, wenn der morgige Tag kommt.«

Die Passagiere wurden aufgerufen. Im Flugzeug setzte sich ein vornehmes Ehepaar neben mich, das ebenfalls zur Amtseinführung flog. Der Mann hatte viele Amtsbezeichnungen, unter anderem war er der ehemalige Leiter des Amts für indianische Angelegenheiten. Als das Flugzeug landete, hatte ich eine Einladung, als Gast des Paares den Amtseinführungsball der Indianer Amerikas zu besuchen!

Robert Pittenger, der als Erster von der Möglichkeit gesprochen hatte, dass ich zur Amtseinführung des Präsidenten fahren sollte, holte mich in Washington am National Airport ab.

»Ney, der Manager von Carol Lawrence hat gerade angerufen und gesagt, sie sei krank und könne nicht kommen.«

»Macht nichts, Robert. Gott hat sich bei dieser Reise schon selbst übertroffen. Ich weiß, dass mein Hiersein einen Grund hat.«

Der Segen Gottes zeigte sich auf dieser Reise auf vielfältige Weise. Ich fand viele neue Freunde, besichtigte das Weiße Haus und das Parlamentsgebäude, ging zum Ball der Indianer und sah die Hauptstadt im festlichen Glanz.

Und ich hatte einige wichtige Glaubenslektionen neu gelernt während jener aufregenden Vorbereitungstage. Ich glaube, meine Einstellung der Amtseinführung gegenüber wurde in dem Moment anders, als ich meine Angst erkannte und mich bewusst darauf konzentrierte, einen Bibelabschnitt zu finden, der mir in meiner Not etwas zu sagen hatte.

Ich war besorgt und brauchte etwas anzuziehen. Ich hätte dabei stehen bleiben und mir weiterhin Sorgen machen können – in der Vergangenheit war das oft der Fall gewesen. Aber weil ich gelernt hatte, die Umstände in meinem Leben objektiv zu betrachten, konnte ich meine Lage so sehen, wie Gott sie sah.

Als ich Matthäus 6 las, erneuerte ich mein Denken durch Gottes Wort und war deshalb in der Lage, die Situation aus seinem Blickwinkel zu sehen. Ich sprach ehrlich mit ihm über meine Gefühle, aber ich entschied mich dafür, nicht meinen Gefühlen, sondern seinem Wort zu glauben. Ich hielt mich an seine Verheißungen, dass er sich um meine Bedürfnisse kümmern würde, als ich noch längst nicht das *Gefühl* hatte, für meine Bedürfnisse würde gesorgt werden.

Die Schwierigkeiten, die wir immer wieder zu bestehen haben, sind unterschiedlicher Art und reichen von den kleinen Nöten des Alltags bis hin zu großen Konflikten. Ob wir es mit dem normalen »Auf und Ab« des Lebens zu tun haben oder mit dem Schwersten, das uns je begegnet ist, wir sollten nicht vergessen, dass uns unsere »fünfundsiebzig Prozent« das ganze Leben hindurch erhalten bleiben. Aber diese Schwierigkeiten können sich als die größten Segnungen Gottes für uns erweisen, wenn wir unsere Erfahrungen objektiv betrachten lernen und mitten in ihnen Gott vertrauen.

Versagen und Vergebung

Es gibt Zeiten, in denen ich so eng mit Gott lebe und so zufrieden bin, dass ich denke: »Jetzt will ich mein ganzes Leben lang nichts anderes mehr tun, als ihn zu lieben, ihm zu dienen und ihm zu gefallen. Endlich führe ich ein richtiges Christenleben, endlich lebe ich sieghaft. Von jetzt an wird alles gut gehen.«

Aber kaum denke ich, dass ich es jetzt geschafft habe und nie mehr versagen werde, überrasche ich mich selbst. Ich versage.

Und weil ich überrascht bin, neige ich dann wohl zu der Ansicht, Gott müsste auch überrascht sein.

Ich weiß noch, dass ich einmal in einer Weise versagte, wie ich nie wieder versagen möchte. Ich war danach schrecklich deprimiert und verzweifelt und fragte mich, wie ein so sündiger Mensch wie ich überhaupt in den hauptamtlichen christlichen Dienst geraten konnte.

Damals wohnten Jean und ich zusammen, und sie merkte, dass ich sehr verzweifelt war.

Mitfühlend sagte sie: »Ney, Gott ist nicht überrascht, dass du versagt hast.«

Ich konnte das kaum glauben und rief: »Wirklich nicht?«

Als wollte sie mir diese Wahrheit einhämmern, wiederholte Jean: »Nein, Gott ist nicht überrascht, dass du versagt hast.«

»Ja, Jean, aber manchmal wünschte ich, ich könnte vollkommen sein. Ich möchte nicht sündigen, aber ich kann mein Maß der Vollkommenheit einfach nicht erreichen. Ich bin sehr entmutigt, weil ich wieder versagt habe.«

»Ich verstehe schon, was du empfindest, Ney. Weißt du, es ist interessant, aber zu dem Zeitpunkt, in dem wir

Christus annehmen, wissen wir, dass wir vollkommen geliebt werden und dass er uns ganz vergeben hat. Aber wenn wir dann in unserem Leben als Christen wachsen, kann sich das ändern.

Vielleicht fangen wir an, uns mit Leuten zu vergleichen, die geistlich reifer sind; oder wir messen uns an den Maßstäben einer Organisation, der wir angehören; oder aber am Maßstab der Bibel. Und wenn wir dann einem dieser Maßstäbe nicht entsprechen, fangen wir an, uns selbst zu verdammen.

Wenn wir das tun, haben wir ganz vergessen, dass es Gott ist, der unseren Glauben wachsen lässt (vgl. 1. Korinther 3,6-7).

Ganz gleich, an welchem Punkt des Wachstums wir uns als Christen befinden, wir sind noch immer in Gottes Zeitplan. Gott liebt und akzeptiert uns noch immer vollkommen. Er ist gar nicht überrascht darüber, dass wir dort sind, wo wir sind.«

Ich hörte sehr interessiert zu, als sie weitersprach.

»Nun kann sich eine große Kluft auftun zwischen dem Punkt, an dem wir sind, und dem, an dem wir sein möchten; zwischen der Wunschvorstellung, die wir davon haben, wo wir im Glauben sein sollten, und dem Punkt, an dem wir uns tatsächlich befinden. Und nun fangen wir an, diese Kluft aus eigener Kraft zu überbrücken.

Wir versuchen durch eigene Anstrengung, also auf fleischliche Weise, Wachstum zustande zu bringen, und wir vergessen ganz, dass wir Gott und seine Wege suchen sollen und dass es sein Geist ist, der dann das Wachstum in uns wirkt.«

Ich hatte angefangen, mir einzureden, dass Gott mich annahm, wenn ich gehorsam war und in meinem Christenleben alles gut ging. Aber ich konnte nicht einsehen, dass Gott mich auch liebte und akzeptierte, wenn ich Fehler machte und versagte, wenn ich eine geistliche Bauchlandung hinlegte und das Leben wegen meiner Fehler düster und problematisch aussah.

Während Jean mit mir redete, spürte ich zum ersten Mal seit vielen Tagen eine innere Erleichterung. Was sie sagte, hatte Hand und Fuß, und es half mir, alles mit Gottes Augen zu sehen. Mir wurde langsam klar, dass ich zwar versagt hatte, dass aber Gott mich deshalb nicht aufgab.

Es wurde mir wieder bewusst, dass Gott mich liebt und akzeptiert, ganz gleich, wie ich mich verhalte, und das ermutigte mich über alle Maßen, mein Leben wieder in jeder Hinsicht nach seinem Wort auszurichten. Und obwohl Vergebung heißt, *eine Schuld so auszulöschen, als sei sie nie geschehen,* wusste ich, dass das nicht bedeutete, einen Freibrief zu haben, um absichtlich zu sündigen und eigenen Wegen nachzugehen. Vielmehr wurde ich dadurch nur darin bestärkt, Gott in allen Bereichen meines Lebens noch mehr zu gefallen.

Ich erkannte, dass ich Frieden und Rechtfertigung in meinem Inneren nicht finden konnte, wenn ich nur auf mein Verhalten und meine Verdienste achtete. Aber ich konnte auf das sehen, was Gott über mich sagte, auf meine Vergebung, meine Stellung und mein Angenommensein in Christus. Ich konnte mich willentlich entscheiden, daran zu glauben, und so Frieden finden.

Paulus schrieb: »Da wir nun gerechtfertigt worden sind aus Glauben, so haben wir Frieden mit Gott durch unseren Herrn Jesus Christus« (Römer 5,1). Meine *Stellung* in Christus blieb unverändert; mein täglicher *Zustand,* mein Verhalten und mein Tun, war das, was sich änderte.

Die, die ihr Vertrauen auf Christus setzen, sind nicht

auf Probe angenommen. Gott weiß, dass wir nicht Christen sind, die zu einem bestimmten Zeitpunkt Menschen wurden, sondern dass wir Menschen sind, die zu einem bestimmten Zeitpunkt Christen wurden. Schon bevor er seine Liebe, Barmherzigkeit und Gnade so reichlich über uns ausgoss, kannte er unsere Schwächen und Fehler.

Mir wurde klar, dass ich gar nichts tun konnte, um mein »Image« vor Gott zu verbessern, damit er mich mehr liebte. Christus war ja für mich gestorben, als ich noch ein hilfloser, gottloser, sündhafter Feind war. Er liebte mich damals ebenso sehr, wie er mich immer geliebt hat und immer lieben wird (vgl. Römer 5,6-10).

Jesus sagte: »Wie der Vater mich geliebt hat, habe auch ich euch geliebt« (Johannes 15,9). Wie Gott seine Liebe Jesus nicht entzieht, so entzieht er auch mir seine Liebe nicht. Er hat einen ewigen Bund mit mir geschlossen, der nie gebrochen wird.

Woher weiß ich, dass Gott mir und meinem Versagen gegenüber verständnisvoll, barmherzig und voller Vergebung ist? Ich kann es am Beispiel Jesu sehen.

Der Dienst Christi während seines Erdenlebens war gekennzeichnet von Vergebungsbereitschaft und Erbarmen: Er sprach die Ehebrecherin von ihrer Sünde los in Gegenwart derer, die drauf und dran waren, sie zu steinigen; die religiösen Führer seiner Zeit warfen ihm Gotteslästerung vor, weil er sich die Vollmacht anmaßte, Sünden zu vergeben; sogar als er bereits am Kreuz hing, sprach er dem Verbrecher, der mit ihm gekreuzigt wurde, noch das ewige Leben zu. Jesus sagte: »Wer mich gesehen hat, hat den Vater gesehen« (Johannes 14,9). Jesus machte Gottes Vergebung deutlich und sichtbar.

Von den vielen Begebenheiten, bei denen Jesus Menschen Vergebung schenkte, ist für mich eine der ermutigendsten die, wie Jesus mit Petrus umging, als er versagt hatte.

Simon Petrus war einer der ersten Jünger, die der Herr erwählte. In vielen Szenen wird Petrus in seiner ganzen Begeisterungsfähigkeit und Aufrichtigkeit geschildert. Er war freigebig, rücksichtsvoll, treu und entschlossen, Christus zur Seite zu stehen. Er bewies starken Glauben, sprach von Herzen die Wahrheit und sagte, was er dachte. Petrus war einer der engsten Freunde Jesu während seines Erdenlebens, und er liebte seinen Herrn von ganzem Herzen.

Doch kam die Hingabe von Petrus an Christus wohl nie deutlicher zum Ausdruck als bei der letzten Passahfeier. Als Jesus seine Jünger um sich sammelte, um ihnen zu sagen, was die nächsten Stunden und Tage bringen sollten, wandte er seine Aufmerksamkeit besonders Petrus zu.

»Simon, Simon! Siehe, der Satan hat euer begehrt, euch zu sichten wie den Weizen. Ich aber habe für dich gebetet, dass dein Glaube nicht aufhöre. Und wenn du einst zurückgekehrt bist, so stärke deine Brüder! Er aber sprach zu ihm: Herr, mit dir bin ich bereit, auch ins Gefängnis und in den Tod zu gehen. Er aber sprach: Ich sage dir, Petrus, der Hahn wird heute nicht krähen, ehe du dreimal geleugnet hast, dass du mich kennst« (Lukas 22,31-34; vgl. Matthäus 26,35). Petrus konnte sich nicht vorstellen, dass er Jesus je verlassen könnte, und auch als dieser ihm sagte, Petrus werde ihn in Kürze verleugnen, weigerte sich Petrus zu glauben, dass er jemals zu so etwas fähig wäre.

Und dann kam der Augenblick, den Petrus sich nicht hatte vorstellen können. Die Stunden, die auf die Passahfeier folgten, waren für alle wie ein Albtraum gewesen. Petrus war mit Christus zum Garten Gethsemane gegangen und hatte dort den Verrat des Judas miterlebt. Und genau an diesem Ort zog Petrus voller Verzweiflung über den Verrat und die ungerechte Verhaftung Christi durch die römischen Behörden impulsiv sein Schwert und schlug einem Sklaven des Hohenpriesters ein Ohr ab.

Lukas berichtet über die Ereignisse, die auf die Festnahme Jesu folgten:

»Sie ergriffen ihn aber und führten ihn hin und brachten ihn in das Haus des Hohenpriesters. *Petrus aber folgte von weitem*. Als sie aber mitten im Hof ein Feuer angezündet und sich zusammengesetzt hatten, setzte sich Petrus in ihre Mitte. Es sah ihn aber eine Magd bei dem Feuer sitzen und blickte ihn scharf an und sprach: Auch dieser war mit ihm. Er aber leugnete und sagte: Frau, ich kenne ihn nicht. Und kurz danach sah ihn ein anderer und sprach: Auch du bist einer von ihnen. Petrus aber sprach: Mensch, ich bin's nicht. Und nach Verlauf von etwa einer Stunde behauptete ein anderer und sagte: In Wahrheit, auch dieser war mit ihm, denn er ist auch ein Galiläer. Petrus aber sprach: Mensch, ich weiß nicht, was du sagst. Und sogleich, während er noch redete, krähte ein Hahn. Und der Herr *wandte sich um und blickte Petrus an*; und Petrus gedachte an das Wort des Herrn, wie er zu ihm sagte: Bevor ein Hahn heute kräht, wirst du mich dreimal verleugnen. Und Petrus ging hinaus und *weinte bitterlich*« (Lukas 22,54-62; Hervorhebungen von der Verfasserin).

Jesus war nicht überrascht, als Petrus versagte. Er hatte sogar vorher schon für seinen Jünger gebetet, dass er seinen Glauben nicht verlieren möge. Wir sollten beachten, dass Jesus nicht darum bat, dass *Petrus* nicht versagen solle, sondern darum, dass der *Glaube* von Petrus nicht versagte.

Ich glaube, Christus wollte damit sagen, wenn Petrus versagte, dann sollte er dennoch *weiterhin* glauben, dass er *geliebt wurde* und dass ihm *vergeben* war. Kurz gesagt gab Jesus ihm zu verstehen: »Ganz gleich, was geschieht, Petrus, ich will, dass du an das glaubst, was ich dir gesagt habe; ich will, dass du mich bei meinem Wort nimmst, dass ich dich liebe …, dass ich dir vergeben habe.«

Christi Vergebung zeigte sich erneut am Auferstehungsmorgen. Maria Magdalena und zwei weitere trauernde Frauen, die dem Herrn nachgefolgt waren, hatten soeben das leere Grab gefunden. Das heißt, es war nicht leer, sondern ein Engel saß darin, der darauf wartete, ihnen die Botschaft zu bringen, dass ihr Erlöser auferstanden war.

Von jeher liebe ich die Worte des Engels:

»Er ist auferstanden, er ist nicht hier. Siehe da die Stätte, wo sie ihn hingelegt hatten. Aber *geht hin, sagt seinen Jüngern und Petrus,* dass er euch nach Galiläa vorausgeht!« (Markus 16,6-7; Hervorhebung von der Verfasserin).

Es scheint, als ob sich der Herr hier besonders um Petrus besorgt zeigte. Als Petrus die Nachricht von der Auferstehung hörte, rannte er buchstäblich zum Grab, um mit eigenen Augen zu sehen, dass Jesus auferstanden war.

Christus erschien nach seiner Auferstehung, in jenen vierzig Tagen bis zu seiner Himmelfahrt, wiederholt denen, die ihm nachgefolgt waren. Eine dieser Begegnungen wirft noch mehr Licht auf seine Vergebung für Petrus.

Eines Tages fuhren Petrus und die anderen Jünger zum Fischen auf den See Genezareth hinaus, hatten aber keinen Erfolg. Sie arbeiteten die ganze Nacht hindurch, ohne etwas zu fangen.

Bei Tagesanbruch erschien Jesus am Ufer und rief ihnen zu: »Kinder, habt ihr wohl etwas zu essen?«

Die Jünger, die ihn nicht erkannten, antworteten: »Nein.« Nun wies Jesus sie an: »Werft das Netz auf der rechten Seite des Bootes aus! Und ihr werdet finden.«

Die Jünger warfen das Netz aus und fingen so viele Fische, dass die Männer, unter denen immerhin mehrere Berufsfischer waren, das Netz nicht einholen konnten. Da sagte Johannes zu Petrus: »Es ist der Herr!«

Und als Petrus diese Worte hörte, warf er sich in den See und schwamm so schnell er konnte, um Jesus am Ufer zu erreichen (vgl. Johannes 21,1-7).

Wenn Petrus nicht gewusst hätte, dass ihm sein Versagen vergeben worden war und er vom Herrn noch immer geliebt wurde, wäre er dann wohl vor lauter Verlangen, Jesus zu sehen, aus dem Boot gesprungen?

Höchstwahrscheinlich hätte er sich mit den Netzen zugedeckt und tief unten im Boot versteckt. Wenn dann die Jünger ans Ufer gekommen wären und Jesus sie gefragt hätte: »Wo ist Petrus?«, hätten sie geantwortet: »Herr, er fürchtet sich vor dir. Er will dich nicht sehen, weil er weiß, wie zornig du über ihn bist.«

Aber Petrus war von der Liebe und Vergebung Jesu so überzeugt, dass er, sobald er Jesus am Ufer entdeckt hatte, alles daransetzte, um so schnell wie möglich zu ihm zu gelangen.

Petrus war etwa drei Jahre lang Tag und Nacht mit seinem Herrn zusammen gewesen. Er hatte gehört, wie Christus Vergebung lehrte; er hatte gesehen, wie Jesus anderen vergeben hatte. Er mag sogar gehört haben, wie Christus am Kreuz für jene um Vergebung schrie, die ihn kreuzigten: »Vater, vergib ihnen! Denn sie wissen nicht, was sie tun« (Lukas 23,34).

Nun hatte Petrus Gelegenheit, die Vergebung Jesu für sich selbst in Anspruch zu nehmen. Jesus hatte gebetet, dass der Glaube von Petrus nicht aufhören möge. Und mitten in jener schrecklichen Nacht vor der Kreuzigung gelang es diesem Jünger mit seinem gebrochenen Herzen, sich an die Worte seines Herrn zu erinnern und sich ihm wieder zuzuwenden in dem Glauben, dass er noch immer geliebt wurde und ihm trotz allem vergeben worden war.

Petrus muss auch gelernt haben, wie allumfassend Christi Liebe ist, diese Liebe, die das Böse, das ihr zugefügt wird, nicht nachträgt (vgl. 1. Korinther 13,5). Jesus warf Petrus sein Versagen nicht vor. Die Bibel berichtet nichts davon, dass Jesus nach der Passahfeier die Verleugnungen jemals erwähnt hätte – eine wunderbare Erfüllung der Verheißung Gottes, dass er unsere Schuld so weit von uns fortwerfen will, wie der Osten vom Westen entfernt liegt (Psalm 103,12), und dass er nicht mehr an unsere Sünden denken will (Jeremia 31,34).

In lebhaftem Gegensatz dazu versucht Satan, unser Versagen nach allen Regeln der Kunst auszuschlachten. Er nutzt jede Gelegenheit, um in seine Rolle als »Verkläger der Brüder« zu schlüpfen und uns denken zu lassen: »Ich tauge wirklich gar nichts …, ich bin einfach nicht ›geistlich‹ genug …, ich weiß nicht genug …, ich tue nicht genug für Gott …«

Aber Jesus Christus rechtfertigt uns und nimmt uns an und kann sogar noch unser Versagen zu seiner Verherrlichung gebrauchen. In dem Buch *Principles of Spiritual Growth* (»Grundlagen für das Wachstum im Glauben«) wird berichtet, J.C. Metcalfe habe gesagt:

»Ohne die bittere Erfahrung unserer eigenen Unzulänglichkeit und Armut sind wir ganz unfähig, die Last eines geistlichen Dienstes zu tragen. Man muss das

Ausmaß der eigenen Schwachheit erkannt haben, um mit den Unzulänglichkeiten anderer geduldig sein zu können.

Wer das gelernt hat, kennt auch aus erster Hand die liebevolle Fürsorge des guten Hirten und seine Fähigkeit, jeden zu heilen, der demütig ihm und nur ihm allein vertraut. Darum verzweifelt er nicht so leicht an anderen, sondern schaut über Sündhaftigkeit, Eigenwilligkeit und Dummheit hinweg auf die Macht der unwandelbaren Liebe.

Der Herr Jesus gibt den Auftrag: ›Weide meine Lämmer …, weide meine Schafe‹ nicht auf die selbstbewusste Versicherung von Petrus hin, er werde ihm immer treu bleiben, sondern er erteilt diesen Auftrag, nachdem Petrus völlig versagt hat, sein Versprechen gebrochen und in den Straßen von Jerusalem bitterlich geweint hat.«[2]

Ich habe mich oft in die Lage von Petrus versetzt, und ich kann sehr gut all das nachfühlen, was er durchmachte: wie er Jesus von ferne sah, wie er ihn verleugnete und sich dann fragte, ob Gott ihn überhaupt noch lieben und gebrauchen könnte. Genauso ging es mir bei dem Erlebnis, von dem ich am Anfang sprach, als ich so sehr in meinem Glauben versagt hatte. Ich fragte mich, ob Gott mich noch liebte und ob er mich je wieder gebrauchen könnte.

Aber als ich über Gottes vollkommene Liebe zu mir nachdachte, vertrieb seine Liebe alle Angst aus meinem Herzen (vgl. 1. Johannes 4,18). Ich erkannte, dass Gott mich so liebt, wie ich bin – genauso, wie er Petrus geliebt hatte. Und er vergab mir – genauso, wie er Petrus vergeben hatte. Gott sah über mein Versagen und meine Wankelmütigkeit hinweg auf die bußfertige Haltung

2 Miles J. Stanford, Principles of Spiritual Growth, Back to the Bible Broadcast, Lincoln, Nebraska, 1974, S. 31.

meines Herzens und auf mein aufrichtiges Verlangen, ihm zu gefallen.

Wo auch immer wir uns in unserem Glaubensleben in diesem Augenblick befinden, Gott liebt uns und hat uns vergeben. Wir sind in Gottes Zeitplan. Gott, der sein Werk in uns begonnen hat, wird es zu Ende führen … (vgl. Philipper 1,6). Ja, was Gott angefangen hat, das führt er zu einem guten Ende (vgl. Psalm 138,8).

Petrus wusste es, als er Christus am Ufer des Sees erkannte: Es ist nie zu spät, zu Christus zu »schwimmen«.

Es ist nie zu spät, wieder von vorn zu beginnen.

Worauf gebaut?

Man hatte mich eingeladen, auf einer Studentenkonferenz in Washington zu sprechen. Nach der Konferenz beschlossen Winky Leinster, eine gute Freundin von mir, und ich, eine sonntägliche Autofahrt durch das ländliche Virginia zu machen. Erst saß Winky am Steuer, und als wir gerade einmal eine Pause eingelegt hatten, bot ich mich an zu fahren.

Die sanften grünen Hügel mit den altertümlichen Bauernhäusern, die sich zwischen kleine Baumgruppen harmonisch in die Landschaft einfügten, machten diesen Ausflug besonders schön. Wir genossen unsere Fahrt so richtig, bis wir hinter einem Hügel auf dem grasbewachsenen Mittelstreifen der Autobahn mehrere Polizeiwagen stehen sahen.

»Oh, Winky, ich glaube, da ist eine Geschwindigkeitskontrolle. Hier sind nur neunzig Kilometer pro Stunde erlaubt, und ich fahre mehr als hundert. Ich glaube, jetzt gibt's Ärger.«

Als wir vorbeifuhren, setzte sich sofort einer der Polizeiwagen mit Blaulicht hinter uns.

Ich bremste, fuhr von der Straße auf den Seitenstreifen und hielt an. Mir klopfte das Herz.

Ein gut aussehender, dunkelhaariger Verkehrspolizist näherte sich unserem Wagen, einem hellgrünen Chevrolet, den Winky liebevoll »Kichererbse« nannte. Ich drehte das Fenster herunter.

Der Beamte war sehr sachlich und sein Gesicht völlig ausdruckslos, als er sagte: »Ihren Führerschein bitte.«

Ich reichte ihm den Schein durchs Fenster. Er sah ihn sich sorgfältig an.

»Sie tragen Kontaktlinsen?«

»Ja.«

Er sah sich meine Augen genau an, um zu sehen, ob ich die Wahrheit sagte.

»Sie sind nicht aus diesem Staat?«

»Nein, ich wohne in Kalifornien. Ich bin nur zu einem kurzen Besuch hier.«

»Wussten Sie, dass Sie hundertdreißig Kilometer pro Stunde gefahren sind, wo nur neunzig erlaubt sind?«

»Ich weiß, dass ich mehr als hundert gefahren bin, aber hundertdreißig waren es wohl nicht.«

»Wir haben hundertdreißig Kilometer pro Stunde bei Ihnen gemessen. Sie müssen mit mir zur nächsten Stadt zur Friedensrichterin kommen. Da Sie hier nicht wohnen, bekommen Sie gleich heute ein Schnellverfahren.«

»Zur Friedensrichterin? Herr Wachtmeister, wir sind auf der Rückfahrt nach Washington, und ich muss morgen früh dort mein Flugzeug erreichen. Kann ich die Sache nicht mit Ihnen regeln? Ich bin wirklich in Eile.«

»Tut mir leid, aber Sie müssen mit mir in die nächste Stadt zur Friedensrichterin.«

Ich suchte verzweifelt nach einem Ausweg. »Mein Vater ist Rechtsanwalt. Gibt es denn keine Möglichkeit, diese Sache mit Ihnen zu bereinigen und das Bußgeld zu überweisen?«

Völlig unbeeindruckt von meiner Herkunft oder meinen Bitten sagte der Beamte: »Nein, tut mir leid, Sie müssen mit mir zur Richterin.«

»Was meinen Sie, wie lange das dauert?«

»Das hängt davon ab, wie schnell wir sie finden und wie viel sie zu tun hat. Wenn Sie mir jetzt bitte folgen wollen …«

Damit ging er zu seinem Wagen zurück. Ich holte tief Luft und startete den Motor.

»Na, der war aber sehr amtlich, was?«, suchte Winky mich zu trösten. »Den kann wohl gar nichts erschüttern. Ihn interessiert nur, dass du eine Vorschrift übertreten hast und vor den Kadi gehörst.«

Als wir so Kilometer um Kilometer hinter dem Polizeiwagen herrollten bis zur Stadt, erschien mir die Sache langsam wie ein Albtraum.

»Winky, ich kann das alles nicht glauben.« »Ich auch nicht.«

»Das mit der ›Friedensrichterin‹ kommt mir auch ziemlich eigenartig vor! Den Ausdruck habe ich noch nie gehört. Meistens heißt es doch ›Schnellrichter‹.«

»Beten wir doch zusammen.« Wir dankten dem Herrn für unsere missliche Lage und baten ihn um Gnade und Erbarmen vor den Augen der Friedensrichterin.

Wir kamen ins Stadtzentrum von Culpeper und fuhren an Imbissbuden und Tankstellen vorbei und dann in den älteren Teil der Stadt.

Als wir um eine Ecke bogen, stand vor uns ein altertümliches, zweistöckiges Gebäude, das aus einer anderen Zeit zu kommen schien: das Gericht. Rings um das Gebäude lief ein ebenso altes schmiedeeisernes Gitter. Ein riesiges Schild verkündete: *Gefängnis im Hinterhaus.*

Der Beamte fuhr uns voraus durch das Tor und um das Gebäude herum nach hinten.

»Winky, sieh dir das an! Zum Gefängnis! Er bringt uns zum Gefängnis! Ich kann's einfach nicht glauben.« Wir stiegen aus dem Auto, gingen einen kopfsteingepflasterten Weg entlang, durch eine schief in den Angeln hängende Tür und standen dann unmittelbar vor einem langen, weißen Tisch. Dahinter stand der Polizist, der uns verhaftet hatte, und telefonierte mit der Friedensrichterin.

Wir blieben vor dem Tisch stehen und sahen uns um. Gleich zu unserer Linken waren eiserne Gitter und Zellen. Durch die Öffnungen hörten wir Gefangene miteinander reden.

Die Wand hinter uns war zu allem Überfluss mit Plakaten des polizeilichen Suchdienstes bedeckt. Die grauen, ernsten Gesichter, neben denen die Steckbriefe aufgeführt waren, trugen noch zusätzlich zur Gefängnisatmosphäre bei.

»Miss Bailey, ich muss Ihnen einige Fragen stellen.« Ich wandte mich zu dem Tisch um und sah, dass der Beamte etliche Formulare vor sich liegen hatte. Er ging die Fragen einzeln mit mir durch und kam zu der nach dem Arbeitgeber.

Leicht peinlich berührt sagte ich: »Ob Sie's glauben oder nicht, ich bin Mitarbeiterin bei Campus für Christus, einer christlichen Studentenbewegung.«

Jetzt entdeckte ich zum ersten Mal den Schimmer eines Lächelns in seinen Augen. Aber er sagte nichts.

Nachdem er alle Fragen gestellt hatte, sagte ich: »Sie haben da genau die gleiche Kaffeemaschine wie ich. Der Kaffee wird gut darin.«

Meine Bemerkung schien das Eis noch etwas mehr zu brechen und seine Amtswürde zu lockern.

Freundlich fragte er: »Möchten Sie eine Tasse?«

»Ja, sehr gern. Vielen Dank.«

Er gab mir den Kaffee, blieb aber weiterhin hinter seinem Tisch stehen. Er beobachtete die Eingangstür und schrieb etwas auf seinen Notizblock. Seine Schreibarbeit wurde unterbrochen, als die Tür aufflog und eine große, grauhaarige Frau wie ein Wirbelwind hereinfegte.

Im Sturmschritt ging sie durch den Raum zu ihrem Büro am hinteren Ende. Ohne den Polizisten eines Blickes zu würdigen, schoss sie dabei die Worte auf uns ab: »Schwören Sie, die Wahrheit zu sagen und nichts als die Wahrheit, so wahr Ihnen Gott helfe?«

Der Polizist konnte gerade noch sein gewohnheitsmäßiges »Ich schwöre es!« herausbringen, da war sie auch schon in ihrem Büro verschwunden. Winky wollte flüsternd wissen, ob er sich nicht etwas dümmlich vorkam, wie er so mit erhobener rechter Hand dastand, während die Richterin bereits zwei Zimmer weiter war.

»Lach bloß nicht«, flüsterte ich zurück. Krampfhaft versuchten wir, unsere Erheiterung über diese Szene, die eher in ein Kabarett zu passen schien, zu verbergen.

Wir warteten noch etwa zehn Minuten. Dann sagte der Polizist, der so lange bei uns geblieben war: »Sie können jetzt hineingehen.«

Als wir in das Büro der Richterin kamen, sah sie nicht auf und gab auch durch kein Wort zu erkennen, dass sie unsere Anwesenheit wahrgenommen hatte. Ich fragte mich, ob uns der Polizist nicht zu früh hineingeschickt hatte. Winky und ich wechselten fragende Blicke. Wir standen weitere zehn Minuten wartend da, und ich hatte fast das Gefühl, ich sei unsichtbar, während wir von einem Fuß auf den anderen traten. Die Richterin machte sich inzwischen mit Papieren auf ihrem Schreibtisch zu schaffen.

Dann sagte sie, ohne aufzusehen, sehr energisch: »Sie sind hundertdreißig Kilometer pro Stunde gefahren auf einer Strecke, auf der nur neunzig Kilometer pro Stunde erlaubt sind. Das macht fünfzig Dollar oder einen Tag Gefängnis.«

Ich hatte mein Guthaben nachgerechnet, während wir im Vorraum warteten, und sagte nun mit einiger Erleichterung: »So seltsam es auch scheinen mag, aber genau den Betrag habe ich noch auf meinem Girokonto.« Sie sah plötzlich auf, als ich nach meiner Handtasche griff, und sagte in verächtlichem Ton: »Wir können Ihren Scheck nicht annehmen!«

»Sie nehmen ihn nicht?«, fragte ich erstaunt. »Aber er ist gedeckt, und ich kann mich hinreichend ausweisen.«

»Das hat nichts zu sagen. Wir nehmen keine Schecks aus anderen Staaten. Dann bleiben Sie eben über Nacht im Gefängnis!«

Winky und ich sahen einander entsetzt an.

»Ich habe meinen Wohnsitz im Staat Virginia«, versuchte Winky zu vermitteln. »Meine Eltern leben in Vienna, Virginia. Nehmen Sie von mir einen Scheck?«

»Nein. Was ist mit Ihren Eltern? Können sie Ihnen Geld schicken?«

»Sie würden es bestimmt tun, aber sie sind unterwegs nach South Carolina. Vor morgen kann ich sie keinesfalls erreichen.«

Die Richterin sah mich an und sagte sehr bestimmt: »Sie bleiben über Nacht im Gefängnis.«

Ich wusste, dass ich keine Wahl hatte. Ich hatte das Gesetz übertreten. Der Richterin war es gleichgültig, wer ich war, welchen Beruf ich ausübte oder ob mein Vater Jurist war. Auch mein Scheck wurde nicht angenommen. Ich konnte die Strafe nicht bezahlen.

Also musste ich ins Gefängnis. Da war nichts zu machen. Ich dachte: »Auch mal eine Erfahrung! Was werden wohl meine Freunde dazu sagen?«

Der Polizist, der ein paar Minuten zuvor den Raum betreten hatte, trat zu uns und sagte zu Winky: »Wenn Sie einen Scheck über fünfzig Dollar auf meinen Namen ausstellen wollen, löse ich ihn aus meiner eigenen Tasche ein. Dann haben Sie das Geld, um die Strafe zu bezahlen.«

Mit einer Handbewegung auf die Friedensrichterin hin sagte ich: »Warum nehmen Sie einen Scheck an, und sie tut es nicht?«

»Ich biete es Ihnen als Privatmann und nicht als Amtsperson an.«

Ehe er noch seine Meinung ändern konnte, nahm Winky sein Angebot an. Sie schrieb einen Scheck über fünfzig Dollar aus, und er gab ihr das Geld in bar. Winky gab dann die fünfzig Dollar der Richterin und zahlte damit für mich die Geldstrafe. Sie erhielt eine Quittung mit dem Vermerk: »In voller Höhe bezahlt.«

Endlich war ich frei und konnte gehen!

Der Polizist ging mit uns bis vor die Tür. Seine Abschiedsworte waren: »Meine Damen, fahren Sie in Zukunft nicht mehr zu schnell!«

Ich fühlte mich wie durch die Mangel gedreht. Als wir zu unserem Auto kamen, sagte ich lächelnd zu Winky: »Für heute bin ich genug gefahren. Fahr du.«

Bevor wir vom Gericht in Culpeper abfuhren, beteten wir noch einmal und dankten dem Herrn für alles, was wir durchgestanden hatten. Wir baten ihn, uns aus dieser Erfahrung lernen zu lassen.

Als wir dann über das soeben Erlebte sprachen, wurde uns klar, was für ein gutes Beispiel es war für das, was Christus für uns am Kreuz getan hat.

Ich hatte das Gesetz übertreten, weil ich zu schnell gefahren war, und war dafür zu fünfzig Dollar Geldstrafe oder einem Tag Gefängnis verurteilt worden. Ich konnte die Strafe nicht bezahlen, also zahlte Winky für mich. Ich konnte nichts weiter tun, als das annehmen, was sie für mich tat – und ich nahm es gern an.

Genauso haben wir alle Gottes Gesetze gebrochen und müssen die Strafe zahlen; sie lautet auf Tod. Aber

Gott sandte Christus, damit er für unsere Sünden starb. Er bezahlte für unsere Schuld und machte uns diese Bezahlung zum Geschenk. Alles, was wir zu tun haben, ist, ihn selbst und das, was er für uns am Kreuz getan hat, anzunehmen.

Als wir über diesen Vergleich sprachen, sagte Winky: »Ney, ich möchte gern, dass du das, was ich für dich getan habe, als Geschenk annimmst.«

»Das kann doch nicht dein Ernst sein«, sagte ich. »Meinst du das wirklich ..., du willst *meine* Strafe bezahlen?«

»Ja. Das will ich wirklich. Und außerdem, wenn du mir das Geld zurückzahlst, stimmt doch unser Vergleich nicht mehr!«

Es wurde schon dunkel, als wir uns Washington näherten. »Diesen Tag werde ich nie vergessen«, dachte ich. »Und auch Culpeper, Virginia, werde ich nie vergessen!«

Wenn jeder eine so klare Vorstellung von dem bekommen könnte, was Christus für uns getan hat, wie Winky und ich sie durch unser Erlebnis in Virginia bekamen, hätte wohl jeder den Wunsch, Christus sein Leben zu öffnen.

Aber ich stelle immer wieder fest, dass viele Menschen nicht richtig wissen, was es bedeutet, Christ zu werden und eine »Wiedergeburt« zu erleben. Kürzlich hörte ich von einer Frau, die zu ihrer Freundin sagte: »Ich bin noch nicht wiedergeboren, aber ich bemühe mich ständig darum!« Sie hatte nicht erkannt, dass Christwerden so einfach ist, dass sogar ein Kind den Vorgang verstehen kann: Wir haben nichts weiter zu tun, als an Jesus Christus und sein Wort zu glauben und ihn als Herrn und Erlöser anzunehmen und anzuerkennen.

Gott führt mir häufig Menschen über den Weg, die noch keine Christen sind, die aber einen geistlichen Hunger haben und Gott kennenlernen möchten. Wie oft mir solche Menschen schon begegnet sind, kann ich gar nicht zählen. Mit am merkwürdigsten war wohl ein Erlebnis in jener Nacht, als in Colorado die Flutkatastrophe hereinbrach.

Während unserer schrecklichen Flucht in der Finsternis den rutschigen Berghang hinauf, als uns in jener Nacht die Flutwelle verfolgte, blieb eine aus unserer Gruppe zurück, um einer älteren Frau den steilen Hang hinaufzuhelfen. Als uns die Polizei dann anwies, wieder auf die Straße unten zurückzukehren, war sie der erste Mensch, den ich dort sah. Ich schloss sie herzlich in die Arme und sagte: »Wie freue ich mich, dass Sie wohlauf sind!«

»Wer sind Sie, und warum sind Sie alle so nett zu mir?«, fragte sie.

Spontan sagte ich: »Ich kann nur hoffen, dass meiner Mutter jemand beistehen würde, falls sie je in eine solche Situation geriete …«

Ehe ich meinen Satz beenden konnte, drängten uns die Polizisten, sofort in unsere Autos zu steigen, uns hintereinander aufzustellen und auf weitere Anweisungen zu warten. Es war eiskalt und goss in Strömen, als ich die fünfzig Meter zu meinem Auto rannte, das ich schon verloren geglaubt hatte. Ich war froh, dass es sofort ansprang – das war nicht immer der Fall!

Als ich dorthin kam, wo sich die Autoschlange formieren sollte, stiegen die Dame, ihr Mann und Jackie Hudson in mein Auto, um zu warten, bis es weiterging.

Kaum waren sie im Auto, da sagte der Mann: »Ich will sehen, ob ich weiter oben unseren Wohnwagen finden kann. Ich hab Whisky dort, und den kann ich jetzt brauchen.«

Als er ausgestiegen war, fragte die Frau wieder: »Wer sind Sie, und warum sind Sie so gut zu uns?«

»Wir sind Mitarbeiter von Campus für Christus, einer überkonfessionellen christlichen Organisation«, antwortete ich. »Wir waren heute gerade zu einem Treffen auf der anderen Seite des Flusses, auf der Sylvan-Dale-Ranch, als wir die Anweisung der Polizei hörten, das Gebiet zu verlassen. Einige unserer Mitarbeiterinnen sind noch drüben, und wir machen uns Sorgen um sie.«

»Von Campus für Christus habe ich schon gehört. Ich bin seit vielen Jahren Mitglied in der Kirche.«

»Darf ich Ihnen eine Frage stellen? Haben Sie in all den Jahren, in denen Sie zur Kirche gehören, Jesus Christus persönlich kennengelernt?«

Sie schüttelte den Kopf. »Ich bin mein Leben lang zur Kirche gegangen, aber ich glaube, so wie Sie über ihn sprechen, kenne ich ihn nicht.«

Es war dunkel, die Fenster waren beschlagen, und wir konnten unsere Gesichter gegenseitig kaum erkennen, als ich anfing zu reden.

»Erst einmal: Gott liebt Sie. In Johannes 3,16 heißt es: ›Denn so hat Gott die Welt geliebt, dass er seinen eingeborenen Sohn gab, damit jeder, der an ihn glaubt, nicht verloren geht, sondern ewiges Leben hat.‹ Für den Ausdruck ›die Welt‹ könnte man auch seinen eigenen Namen einsetzen. Übrigens«, fragte ich lächelnd, »wie heißen Sie?«

»Lou.«

»Dann würde der Vers also lauten: ›Denn so hat Gott Lou geliebt, dass er seinen eingeborenen Sohn gab. Wenn Lou an ihn glaubt, wird sie nicht verloren gehen, sondern ewiges Leben haben.‹«

»Das ist so, Lou.« Auf meiner beschlagenen Frontscheibe zog ich zwei parallele Linien, eine oben und eine unten. »Gott ist dort oben, hoch über uns, und er ist heilig. Wir Menschen sind hier unten, und wir sind sündig.«

Ich zog von der unteren Linie aus einige Pfeile hoch bis etwa zur Hälfte der Scheibe. »Wir versuchen auf verschiedene Weise, zu Gott zu gelangen, aber die Bibel sagt, dass wir alle Sünder sind und nichts aufzuweisen haben, was Gott gefallen könnte (Römer 3,23). Das heißt einfach, dass niemand von uns so gut ist wie Gott und dass wir leicht unsere eigenen Wege gehen, ohne viel an Gott zu denken.

Und die Bibel sagt: Wir haben für unsere Sünden Strafe verdient. ›Denn der Lohn der Sünde ist der Tod, die Gnadengabe Gottes aber ewiges Leben in Christus Jesus, unserem Herrn‹ (Römer 6,23).«

Sie ließ mich nicht aus den Augen und hörte mir aufmerksam zu.

»Sünde ist ein Wort, das mich früher sehr gestört hat. Es gefiel mir gar nicht. Dann sagte mir jemand, ich sollte mir vorstellen, alles, was ich je in meinem Leben verkehrt gemacht habe, sei auf einem Film festgehalten und alle meine Nachbarn und Freunde seien eingeladen, um sich den Film auf einer großen Leinwand anzusehen. Und wenn es bei Ihnen so ähnlich aussieht wie bei mir, gibt es da ein paar Dinge, die Sie anderen lieber nicht vorzeigen möchten!«

»Das stimmt«, rief sie. »Es gibt wirklich Dinge, die ich nicht auf der Leinwand gezeigt haben möchte.«

»Eben«, gab ich zurück, »und das sind z.B. solche Dinge, die in der Bibel als Sünde bezeichnet werden. Das sind Vergehen, für die Jesus gestorben ist.« Dann zeichnete ich das Kreuz Jesu Christi zwischen die parallelen Linien und machte damit klar, dass Jesus die Schuld für unsere Sünde bezahlt hat, für das, was uns von Gott trennt – dass er die Kluft zwischen Gott und uns Menschen überbrückt hat. »Als ich das zum ersten Mal sah, Lou, dass Jesus die Kluft überbrückt, verstand ich endlich, welche Rolle Jesus eigentlich spielt. Vorher hatte ich das nie verstanden.

Jesus ist Gottes einziger Ausweg aus unserer Sünde, und durch ihn können wir Gottes Liebe für uns und seinen Plan für unser Leben erfahren. Sie haben sicher schon mal gehört, dass er gesagt hat: ›Ich bin der Weg und die Wahrheit und das Leben. Niemand kommt zum Vater als nur durch mich‹ (Johannes 14,6).«

»Ja, das habe ich gehört.«

»Es genügt nicht, diese Dinge zu wissen. Manche von uns haben sie seit ihrer Jugend immer wieder gehört. Wissen Sie, viele Leute sagen uns, wir sollten Christen werden, aber nur wenige sagen uns, wie man das macht. Und das ist doch das Entscheidende und das eigentlich Wichtige – wie man es macht. Jeder muss für sich Jesus Christus als Heiland und Herrn annehmen, indem er ihn persönlich bittet, die Schuld zu vergeben und in sein Leben zu kommen. Das bedeutet, dass niemand ihn an unserer Stelle annehmen kann.

Jesus sagte: ›Siehe, ich stehe an der Tür und klopfe an.‹ Gemeint ist die Tür unseres Herzens und Lebens. ›Wenn jemand meine Stimme hört und die Tür öffnet‹, und das können wir tun oder auch nicht tun …, es ist Sache unseres Willens, ›zu dem werde ich hineingehen‹, sagt Christus, ›und mit ihm essen, und er mit mir‹ (Offenbarung 3,20).

Lou, möchten Sie Christus in Ihr Leben bitten?«

»Oh ja, gern, und zwar jetzt gleich.«

»Wir nehmen Christus durch Glauben an, Lou, und unseren Glauben können wir im Gebet zum Ausdruck bringen. Beten Sie doch und bitten Sie Christus, in Ihr Leben zu kommen, und dann werden Jackie und ich für Sie beten.«

Sie begann: »Herr Jesus, ich brauche dich. Ich danke dir, dass du für mich gestorben bist und auch für all die Dinge, die sonst auf dem Film meines Lebens erscheinen würden. Ich bitte dich: Komm in mein Leben und sei mein Heiland und mein Herr.«

Ich betete: »Herr, danke, dass wir Lou heute Abend getroffen haben. Ich danke dir, dass du ihr Gebet erhört hast. Du bist in ihr Herz gekommen. Danke für deine Verheißung, dass du sie niemals aufgeben und niemals verlassen wirst (Hebräer 13,5).«

Jackie schniefte ein wenig auf dem Rücksitz und schloss sich dann unserem Gebet an. »Herr, hab Dank, dass Lou heute die wichtigste Entscheidung ihres Lebens getroffen hat. Wenn wir sie auch hier nie wiedersehen sollten, so doch zumindest im Himmel.«

Nachdem wir gebetet hatten, fragte ich: »Lou, wo ist Jesus Christus jetzt?«

Strahlend sagte sie: »Er ist in meinem Herzen.« »Ganz richtig, und woher wissen Sie, dass er dort ist?« »Weil ich ihn hereingebeten habe; und ich spüre ihn.« »Ja, und wenn das Gefühl morgen nicht mehr da sein sollte, wissen Sie doch, dass er noch da ist, weil er es versprochen hat, und er kann nicht lügen. Er ist nicht nur in Ihr Leben gekommen, sondern er hat auch versprochen, Sie nie zu verlassen oder aufzugeben (Hebräer 13,5). All die Dinge aus Ihrem Leben, die auf der Leinwand erschienen wären, sind nun nicht mehr da, weil Jesus Ihnen vergeben hat. Sie haben eine ›saubere Leinwand‹, einen neuen Anfang! Ist das nicht eine gute Nachricht?«

»Ja, wirklich«, strahlte sie. »Das ist wunderbar … Bitte geben Sie mir Ihre Adresse.«

Gerade hatten wir die Adressen ausgetauscht, da machte ihr Mann die Autotür auf und sagte: »Fahren wir; die Polizei ist gerade dabei, uns herauszulotsen.« Zehn Minuten hatte der Herr uns miteinander gegeben, und Lou verließ uns mit einem Leuchten in den Augen und auf dem Gesicht.

Jackie kam nach vorn auf den Beifahrersitz und sagte: »Ney, die ganze Atmosphäre war erfüllt von Liebe, als du mit Lou geredet hast. Es war, als hielte Gott die Zeit einen Augenblick an, und während dieses Augenblicks war die Flut vergessen.«

Wir konnten beide nur staunen über den genauen Zeitplan Gottes.

In jener kalten Nacht voll Angst und Not, mitten im Unglück, durfte diese nette ältere Dame erkennen, dass Gott sie liebt.

Zum nächsten Weihnachtsfest erhielt ich ein kleines Päckchen mit zwei handgefertigten Kreuzen, einem aus Gold und einem aus Silber. Dabei lag ein Briefchen von Lou, in dem stand: »Eins ist für Sie und eins für Jackie. Ich danke Ihnen für alles, was Sie in jener Nacht für mich getan haben.«

Mein Leben schien für immer eingeteilt zu sein in »vor« und »nach« der Flut. Nach der Flut sagte Marilyn Henderson einen Satz zu mir, den Jesus gesagt hatte: »Denn wer sein Leben erretten will, der wird es verlieren; wer aber sein Leben verliert um meinetwillen und um des Evangeliums willen, der wird es erretten« (Markus 8,35).

Der Vers war mir vertraut, aber der Teil »um des Evangeliums willen« wurde mir jetzt besonders wichtig.

Dreimal war in jener Nacht mein Leben bewahrt worden: als ich das Gebäude verließ, ehe es bis zur Decke voll mit Wasser und Schlamm war, als ich über die Brücke gelangte, kurz bevor sie einstürzte, und als ich die Anweisung hörte, mein Auto zu verlassen, um höher gelegenes Gelände aufzusuchen. Mein Leben war bewahrt worden, weil es einen Grund dafür gab.

Das Erleben der Flutkatastrophe bewirkte in mir, dass ich den Auftrag Jesu Christi, in alle Welt hinauszugehen und allen Menschen die rettende Botschaft zu verkünden (Markus 16,15), neu durchdachte. In einem tieferen Sinne sagte ich nun: »Herr, mein ganzes Leben will ich für die Sache des Evangeliums hingeben. Gebrauche mein Leben dazu, die Welt für dich zu erreichen.«

Ich finde es interessant, dass Jesus die Bergpredigt damit abschloss, dass er von einer Flut sprach.

Er sagte:

»Jeder nun, der diese meine Worte hört und sie tut, den werde ich mit einem klugen Mann vergleichen, der sein Haus auf den Felsen baute; und der Platzregen fiel herab, und die Ströme kamen, und die Winde wehten und stürmten gegen jenes Haus; und es fiel nicht, denn es war auf den Felsen gegründet. Und jeder, der diese meine Worte hört und sie nicht tut, der wird mit einem törichten Mann zu vergleichen sein, der sein Haus auf den Sand baute; und der Platzregen fiel herab, und die Ströme kamen, und die Winde wehten und stießen an jenes Haus; und es fiel, und sein Fall war groß« (Matthäus 7,24-27).

Wenn wir nach Gottes Wort handeln, wenn wir ihn beim Wort nehmen, sind wir weise und unser Leben ist fest gegründet auf den Felsengrund seiner Worte. Wenn wir ihn nicht beim Wort nehmen, sind wir töricht und bauen unser Leben auf Sand.

Die meisten von uns werden nie eine wirkliche Flut erleben müssen, aber wir alle müssen durch die »Fluten des Lebens«. Während wir in diesen »Fluten« sind, möchte Gott, dass wir ihn bei seinem Wort nehmen und glauben, dass sein Wort wahrer ist als unsere Gefühle oder als irgendwelche Lebensumstände, denen wir jemals ausgesetzt sein werden, denn:

Der Himmel und die Erde werden vergehen, meine Worte aber werden nicht vergehen.